Calidad del producto gráfico

Anabel Carrillo Garrido

Calidad del producto gráfico
© Anabel Carrillo Garrido

1ª Edición

© IC Editorial, 2025

Editado por: IC Editorial
c/ Cueva de Viera, 2, Local 3
Centro Negocios CADI
29200 Antequera (Málaga)
Teléfono: 952 70 60 04
Fax: 952 84 55 03
Correo electrónico: iceditorial@iceditorial.com
Internet: www.iceditorial.com

ISBN: 978-84-1184-662-2
Depósito Legal: MA 393-2025

Impresión: PODiPrint
Impreso en Andalucía – España

Nota de la editorial: IC Editorial pertenece a Innovación y Cualificación S. L.

Presentación del manual

El **Certificado de Profesionalidad** es el instrumento de acreditación, en el ámbito de la Administración laboral, de las cualificaciones profesionales del Catálogo Nacional de Cualificaciones Profesionales adquiridas a través de procesos formativos o del proceso de reconocimiento de la experiencia laboral y de vías no formales de formación.

El elemento mínimo acreditable es la **Unidad de Competencia.** La suma de las acreditaciones de las unidades de competencia conforma la acreditación de la competencia general.

Una **Unidad de Competencia** se define como una agrupación de tareas productivas específica que realiza el profesional. Las diferentes unidades de competencia de un certificado de profesionalidad conforman la **Competencia General,** definiendo el conjunto de conocimientos y capacidades que permiten el ejercicio de una actividad profesional determinada.

Cada **Unidad de Competencia** lleva asociado un **Módulo Formativo,** donde se describe la formación necesaria para adquirir esa **Unidad de Competencia,** pudiendo dividirse en **Unidades Formativas.**

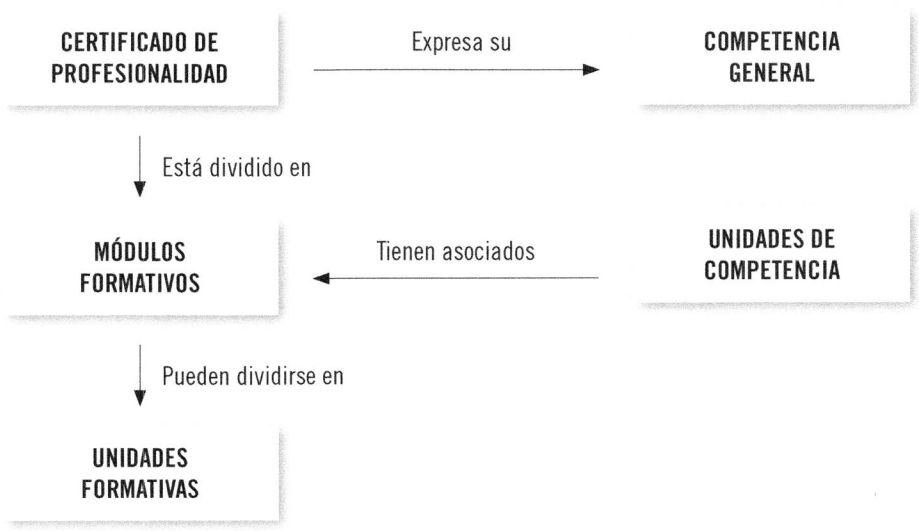

El presente manual desarrolla la Unidad Formativa **UF1464: Calidad del producto gráfico,**

perteneciente al Módulo Formativo **MF0699_3: Preparación de artes finales,**

asociado a la unidad de competencia **UC0699_3: Preparar y verificar artes finales para su distribución,**

del Certificado de Profesionalidad **Diseño de productos gráficos.**

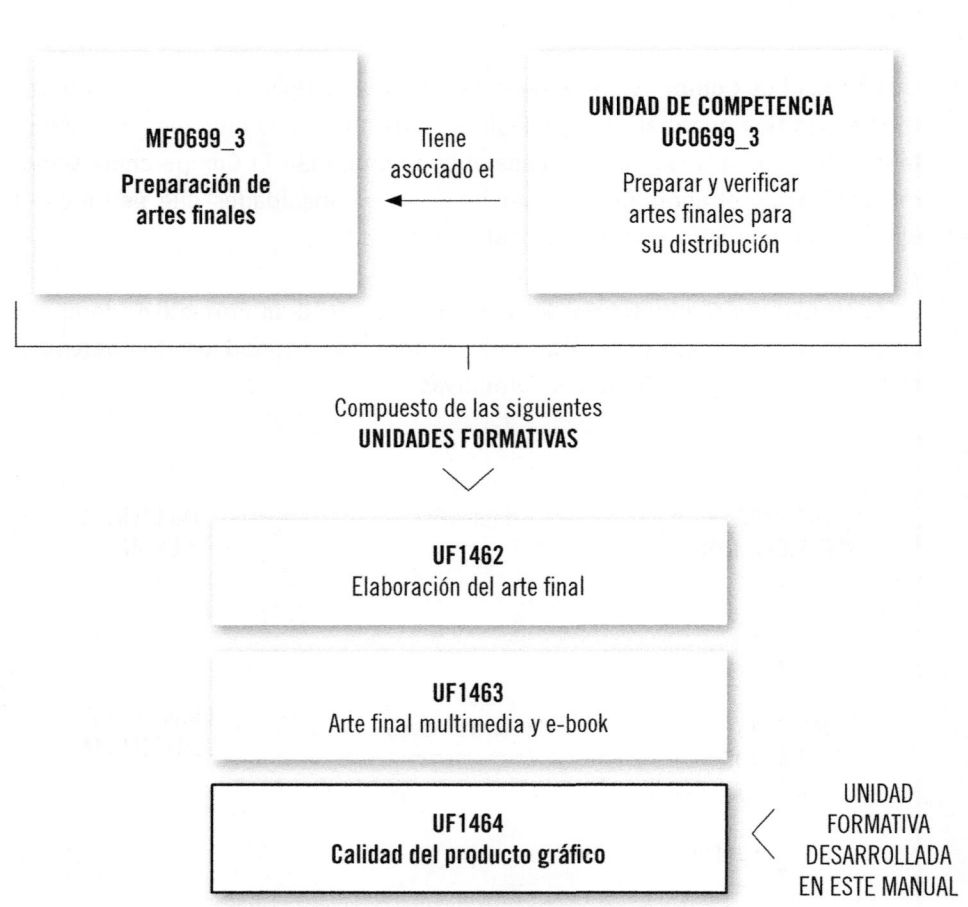

FICHA DE CERTIFICADO DE PROFESIONALIDAD

(ARGG0110) DISEÑO DE PRODUCTOS GRÁFICOS (R. D. 1520/2011, de 31 de octubre)

COMPETENCIA GENERAL: Desarrollar proyectos gráficos a partir de las especificaciones iniciales del producto; elaborando bocetos, seleccionando y adecuando color, imágenes y fuentes tipográficas; creando elementos gráficos, maquetas y artes finales; utilizando herramientas informáticas; realizando presupuestos en función de las características del proyecto y verificando la calidad del producto terminado.

Cualificación profesional de referencia		Unidades de competencia	Ocupaciones o puestos de trabajo relacionados:
ARG219_3 DISEÑO DE PRODUCTOS GRÁFICOS (R. D. 1228/2006, de 27 de octubre)	UC0696_3	Desarrollar proyectos de productos gráficos	▪ Diseñador gráfico ▪ Grafista ▪ Maquetista ▪ Arte finalista
	UC0697_3	Tratar imágenes y crear elementos gráficos con los parámetros de gestión del color adecuados	
	UC0698_3	Componer elementos gráficos, imágenes y textos según la teoría de la arquitectura tipográfica y la maquetación	
	UC0699_3	Preparar y verificar artes finales para su distribución	

Correspondencia con el Catálogo Modular de Formación Profesional

Módulos certificado	Unidades formativas	Horas
MF0696_3: Proyecto de productos gráficos	UF1455: Preparación de proyectos de diseño gráfico	50
	UF1456: Desarrollo de bocetos de proyectos gráficos	90
MF0697_3: Edición creativa de imágenes y diseño de elementos gráficos	UF1457: Obtención de imágenes para proyectos gráficos	40
	UF1458: Retoque digital de imágenes	70
	UF1459: Creación de elementos gráficos	50
MF0698_3: Arquitectura tipográfica y maquetación	UF1460: Composición de textos en productos gráficos	90
	UF1461: Maquetación de productos editoriales	50
	UF1462: Elaboración del arte final	60
MF0699_3: Preparación de artes finales	UF1463: Arte final multimedia y e-book	30
	UF1464: Calidad del producto gráfico	30
MP0312: Módulo de prácticas profesionales no laborales		40

Índice

Unidad Didáctica 1
Gestión de la calidad de un producto gráfico no multimedia

Contenido

1. Introducción

La gestión de la calidad en un producto gráfico no multimedia es un proceso integral que busca asegurar que el producto final cumpla con los estándares de calidad exigidos tanto por la empresa como por el cliente. Este tipo de productos incluye impresos como libros, folletos o carteles, los cuales, a diferencia de los productos multimedia, dependen exclusivamente de medios físicos.

La calidad no solo se refiere a la apariencia visual del producto, sino también a la funcionalidad, durabilidad y adecuación a su propósito final. Por tanto, la gestión de la calidad en este ámbito abarca el control de todos los factores que intervienen en el proceso de creación, desde la elección de los materiales hasta los procedimientos técnicos y organizativos. En primer lugar, con respecto a la parte técnica, la gestión de la calidad implica una supervisión detallada de cada etapa del proceso de producción. Además de los procesos técnicos, la gestión de la calidad también se basa en el uso de herramientas de análisis y control para garantizar que el proceso no presente problemas. A esto se le añade un aspecto clave en la gestión de la calidad: el control de los factores que influyen directamente en el resultado final, como las materias primas y el control y mantenimiento de los equipos de producción, así como la correcta capacitación del personal.

En definitiva, la gestión de la calidad es un proceso que tiene el objetivo de asegurar que cada detalle del producto final esté alineado con los estándares de calidad, satisfaciendo así las expectativas del cliente y garantizando un resultado óptimo.

2. Las funciones y los procesos

Para empezar, se debe tener claro tanto el concepto de producto gráfico no multimedia como sus funciones y el proceso que conlleva su creación.

2.1. El producto gráfico no multimedia

Un **producto gráfico no multimedia** es cualquier creación visual que no involucra animación, vídeo, sonido o interactividad.

Nota

Un producto gráfico multimedia, a diferencia del producto gráfico no multimedia, es aquel que combina varios tipos de medios interactivos o dinámicos, como imágenes, audio, vídeo, animación o interactividad, para crear una experiencia más rica y compleja para el usuario.

Algunos productos gráficos no multimedia son:

- **Imágenes:** fotografías o ilustraciones que se utilizan en medios impresos o digitales sin ningún tipo de animación o movimiento.
- **Infografías:** representaciones visuales de información resumida.
- **Carteles:** diseños gráficos usados para transmitir mensajes, como anuncios publicitarios, carteles educativos o pósteres.
- **Folletos:** documentos impresos o digitales con información sobre un producto, servicio o evento.
- **Logotipos:** representaciones gráficas que identifican marcas.
- **Ilustraciones:** dibujos o gráficos que pueden ser creados digitalmente o a mano para diferentes productos.
- **Diagramas o gráficos estáticos:** representaciones visuales de datos, como gráficos de barras o diagramas de flujo.

Actividades

1. Indique al menos cinco tipos más de productos gráficos no multimedia y descríbalos.

2.2. Las funciones del producto gráfico no multimedia

El producto gráfico no multimedia cumple diversas funciones en diferentes contextos, especialmente en comunicación visual, *marketing*, educación y diseño. A continuación, se describen algunas de sus **funciones** principales:

1. **Comunicación visual clara y directa:** se utilizan para transmitir mensajes o información de manera simple y efectiva.
2. **Identificación y *branding*:** una de las principales funciones es la creación de identidad de marca. Elementos como logotipos permiten a las empresas establecer una identidad visual clara que el público pueda identificar fácilmente.
3. **Educación e instrucción:** se usan frecuentemente en contextos educativos o instructivos. Estos materiales pueden simplificar información compleja a través de gráficos y representaciones visuales.
4. **Promoción y publicidad:** en *marketing*, estos productos son fundamentales para atraer la atención del público y promocionar productos o servicios.
5. **Documentación visual:** cumplen la función de documentar y representar información de manera visual.
6. **Decoración y estética:** en algunos casos cumplen una función decorativa o estética.
7. **Orientación e instrucción visual:** son fundamentales en la señalización en espacios públicos o privados.
8. **Explicación de datos y estadísticas:** los gráficos estáticos son productos gráficos no multimedia que permiten la visualización de datos de una manera fácil de entender.
9. **Consolidación de conceptos abstractos:** a través de imágenes y esquemas simples, pueden ayudar a visualizar ideas abstractas o complejas, facilitando su comprensión.
10. **Impacto visual:** pueden ser altamente atractivos visualmente.

Definición

Branding
Proceso estratégico de construir y gestionar una marca. Incluye todas las acciones y decisiones orientadas a crear una identidad sólida, diferenciada y reconocible para una empresa, producto o servicio.

2.3. Proceso de creación de un producto no multimedia

El proceso de creación de un producto gráfico no multimedia comienza con una **fase de investigación y análisis,** en la cual se define el propósito del producto gráfico. Esta etapa es crucial para entender qué se desea comunicar y el público objetivo al que se dirige, lo que permite adaptar el diseño de forma efectiva.

Una vez definida la dirección del proyecto, se procede al **desarrollo del concepto**. En esta fase, se generan ideas a través de _brainstorming_, explorando diferentes enfoques visuales y creativos. La creación de bocetos es fundamental, ya que facilita la visualización rápida de las ideas iniciales sin entrar en detalles excesivos.

Tras definir el concepto, se procede a **elegir los elementos gráficos** que mejor transmitan el mensaje. Esto implica seleccionar la tipografía adecuada, la paleta de colores y las imágenes o gráficos que complementen el diseño.

El siguiente paso es la **fase de diseño preliminar,** momento en el que las ideas y los bocetos se trasladan a un formato digital utilizando _software_ de diseño gráfico como _Adobe Illustrator_ o _Photoshop_.

Una vez realizado el primer diseño digital, se entra en la **fase de revisión y ajustes.** Aquí, el diseño preliminar se revisa detalladamente para corregir errores tipográficos, problemas de alineación u otros aspectos que puedan mejorar la claridad del mensaje.

Con las revisiones finalizadas, se avanza a la **producción final.** En esta fase se ajustan los últimos detalles, para asegurar que el producto gráfico esté listo para su impresión o publicación. Tras la aprobación de las pruebas, los archivos se exportan al formato correspondiente. Finalmente, el producto gráfico **se distribuye** según el plan previsto, ya sea en medios impresos o digitales.

Resumen de las etapas

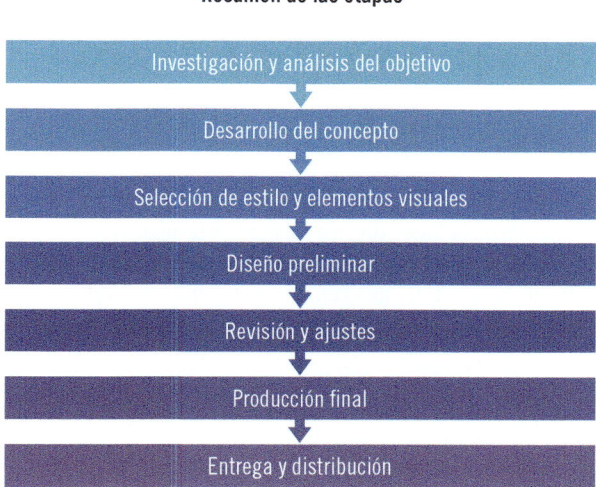

3. Los factores que afectan a la calidad

La **calidad** se refiere al grado en que un producto o servicio cumple con las expectativas, requisitos o necesidades de los usuarios o consumidores. En el contexto de un producto no multimedia, la calidad depende de su capacidad para cumplir eficazmente con su propósito, ya sea comunicar, informar, atraer o persuadir. Estos **factores** son:

- La calidad del **diseño gráfico** juega un papel fundamental.
- Es esencial que el mensaje se transmita con **claridad.**
- La **exactitud** de los datos o la información presentada en un producto gráfico es crucial para la calidad.
- En productos impresos, la calidad de los **materiales** utilizados afecta directamente la percepción de calidad.

- La **coherencia** en la aplicación de la identidad visual es esencial para mantener una imagen de marca sólida.
- Debe cumplir con su **propósito específico** de manera efectiva.
- La **originalidad** en el diseño también es un indicador de calidad.
- Para productos gráficos impresos, la **impresión** es clave.
- En algunos casos, el uso de **técnicas o herramientas** de diseño obsoletas puede afectar la calidad.

Actividades

2. La correcta elección de la tipografía, los colores y la composición visual afecta directamente a cómo el público percibe el producto. Indique dos ejemplos de un producto gráfico no multimedia al que afectaría una correcta elección de estos elementos.

3.1. Diagramas causa-efecto

Un **diagrama causa-efecto,** también conocido como diagrama de Ishikawa o diagrama de espina de pescado, es una herramienta visual que se utiliza para identificar y analizar los factores que desencadenan un problema o efecto en particular. El diagrama tiene una estructura que se asemeja a la espina de un pescado, de ahí su nombre alternativo. En él se disponen los elementos de la siguiente forma: el efecto o problema se representa en la cabeza y se traza una espina central que conecta el efecto con las posibles causas. Entre estas se distinguirá entre causas principales (espinas grandes) y causas secundarias (espinas más pequeñas). Algunas categorías comunes de las causas principales son: métodos (o procesos), máquinas (o equipos), mano de obra (o personas), materiales, medioambiente y mediciones.

Diagrama de Ishikawa

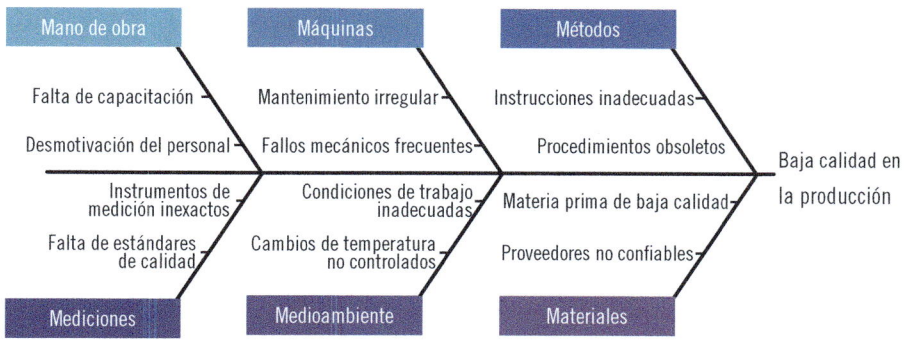

Ejemplo de diagrama de Ishikawa

 ## Aplicación práctica

En una empresa se quiere abordar un problema de retrasos en la entrega de productos. Indique cuáles serían las causas principales y secundarias que se deberían ejemplificar en un diagrama de Ishikawa, a partir de la información recogida anteriormente.

SOLUCIÓN

Métodos:

- Falta de planificación
- Procesos de pedido ineficientes

Materiales:

- Escasez de materiales
- Entrega tardía de proveedores

Máquinas:

- Mantenimiento insuficiente
- Fallos en la maquinaria

Continúa en página siguiente >>

<< Viene de página anterior

Mano de obra:

I Falta de personal
I Capacitación insuficiente

Medioambiente:

I Condiciones climáticas adversas
I Acceso limitado a la fábrica

Mediciones:

I Falta de seguimiento de plazos
I No monitoreo de tiempos de entrega

---

4. Manual de calidad de la empresa

Un **manual de calidad** es un documento público que describe el sistema de gestión de la calidad de una empresa. Este manual detalla los procedimientos y políticas que sigue para asegurar la calidad en todas sus operaciones. El manual de calidad de una empresa viene pautado por la norma ISO 9001, que regula los requisitos que debe tener una empresa para alcanzar un sistema de gestión de calidad correcto. Su estructura puede variar, pero generalmente suele contener los siguientes **elementos:**

1. **Introducción y alcance:** se describe el propósito del manual y su alcance dentro de la organización.
2. **Política de calidad:** es una declaración formal que refleja los compromisos de la empresa con la calidad.
3. **Objetivos de calidad:** son metas medibles que la empresa se propone alcanzar para garantizar la efectividad de su política.
4. **Organización y responsabilidades:** se detalla la estructura organizativa relacionada con la gestión de la calidad.
5. **Sistema de gestión de la calidad**: describe cómo la empresa organiza sus actividades para cumplir con los requisitos de calidad.

6. **Control de documentos y registros:** especifica cómo la empresa gestiona sus documentos y registros relacionados con la calidad.
7. **Gestión de recursos:** se describe cómo la empresa gestiona los recursos humanos, materiales y costes para garantizar la calidad.
8. **Realización del producto:** detalla los procesos relacionados con la producción del servicio.
9. **Medición, análisis y mejora:** explica cómo la empresa mide y monitorea su desempeño en calidad.
10. **Acciones correctivas y preventivas:** describe el procedimiento para identificar, analizar y corregir los problemas de calidad.

Ejemplo

Manual de calidad de ElectroSketch S. A.

1. Introducción y alcance

El presente manual de calidad establece los principios y directrices del sistema de gestión de calidad (SGC) de ElectroSketch S. A., según la norma ISO 9001:2015.

2. Política de calidad

ElectroSketch S. A. se compromete a ofrecer productos de alta calidad que satisfagan las necesidades y expectativas de nuestros clientes.

3. Objetivos de calidad

Para asegurar la eficacia del SGC, hemos establecido los siguientes objetivos de calidad:

- Alcanzar un índice de satisfacción del cliente del 95 %.
- Reducir el porcentaje de productos defectuosos a menos del 1 % en el primer año.
- Implementar un programa de formación continua para el 100 % del personal en prácticas de calidad.

Continúa en página siguiente >>

<< Viene de página anterior

4. Organización y responsabilidades

ElectroSketch S. A. cuenta con un director de calidad y un equipo de calidad. Todos los empleados deben cumplir con los procedimientos de calidad establecidos.

5. Sistema de gestión de la calidad

Nuestro SGC se organiza para cumplir con los requisitos de la norma ISO 9001:2015.

6. Control de documentos y registros

Los documentos y registros del SGC son revisados y aprobados antes de su distribución.

7. Gestión de recursos

ElectroSketch S. A. se asegura de que se gestionen adecuadamente los recursos necesarios para el SGC.

8. Realización del producto

Los procesos de producción se rigen por los siguientes principios:

- Control de calidad en cada etapa de la fabricación
- Establecimiento de criterios de aceptación claros
- Validación de procesos mediante pruebas y ensayos

9. Medición, análisis y mejora

ElectroSketch S. A. mide y monitorea su desempeño en calidad a través de auditorías internas anuales y análisis de datos de satisfacción del cliente.

10. Acciones correctivas y preventivas

Para abordar problemas de calidad, se identifican las no conformidades y se implementan las acciones correctivas pertinentes.

Actividades

3. Busque el manual de calidad de una empresa y describa su política de calidad.

5. Técnicas estadísticas y gráficas

Las **técnicas estadísticas y gráficas** son herramientas fundamentales para la recolección, análisis, interpretación y presentación de datos.

5.1. Técnicas estadísticas

Las **técnicas estadísticas** son herramientas fundamentales para medir y asegurar la calidad de un producto. Algunas de las más usadas son:

Encuestas y cuestionarios	Experimentos controlados	Análisis de contenido
- Son herramientas efectivas para recolectar datos cuantitativos sobre la calidad del producto o servicio. - Utilizan preguntas cerradas para evaluar aspectos como la satisfacción del cliente, la percepción de la calidad y la eficiencia del servicio.	- Se recopilan datos sobre el efecto de diferentes variables independientes sobre una variable, que puede ser la calidad del producto final. - Se aplican técnicas estadísticas como ANOVA para evaluar la relación y el impacto de estas variables.	- Se recopilan datos a partir de textos, como comentarios de clientes, quejas o informes de calidad. - Se utiliza un proceso sistemático de codificación para identificar menciones relacionadas con la calidad.

Metodos de muestreo	Análisis de series temporales	Regresión y correlación
- Se utilizan para seleccionar una muestra representativa de la población de productos o servicios que evaluar. - Se asegura que las conclusiones sean aplicables a toda la población.	- Los datos sobre la calidad se recogen a lo largo del tiempo, como las tasas de defectos mensuales, las quejas de clientes o los tiempos de respuesta en los servicios.	- Se pueden recolectar datos sobre múltiples variables que se creen relacionadas con la calidad, como la duración del proyecto de producción y la cantidad de defectos encontrados.

Actividades

4. Busque información sobre la estadística ANOVA y explique en qué consiste.

5.2. Técnicas gráficas

Las **técnicas gráficas** son herramientas visuales muy efectivas para analizar y presentar datos relacionados con la calidad de un producto. Algunas de las técnicas gráficas más utilizadas en la medición de la calidad son:

- **Gráficos de control:** se utilizan para monitorear la variabilidad de un proceso a lo largo del tiempo. Ayudan a identificar si un proceso está en control o si hay variaciones significativas que requieren atención.
- **Histogramas:** representan la distribución de un conjunto de datos. Ayudan a identificar la variabilidad y la tendencia de los productos.
- **Diagramas de Pareto:** utilizan el principio de Pareto (80/20) para identificar y priorizar problemas de calidad. Se presentan en forma de barras y líneas, donde las barras muestran la frecuencia de los problemas y la línea representa el porcentaje acumulado.
- **Diagramas de Ishikawa (espina de pescado):** como se vio anteriormente, son utilizados para identificar las causas raíz de un problema de calidad.

- **Gráficos de barras:** representan datos categóricos. Son útiles para comparar diferentes grupos en términos de una variable específica.
- **Gráficos de línea:** utilizados para mostrar tendencias a lo largo del tiempo. Son útiles para monitorear el desempeño de la calidad y la evolución de indicadores clave.
- **Diagramas de flujo:** representan los pasos de un proceso. Ayudan a visualizar el flujo de trabajo y pueden identificar ineficiencias o áreas de mejora en el proceso de producción.

Diagrama de flujo

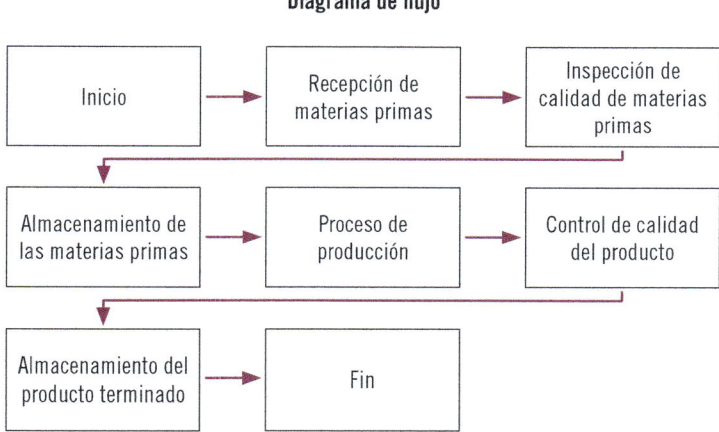

Ejemplo de diagrama de flujo que representa el proceso de producción de un producto en una fábrica

6. Materias primas

Las **materias primas** utilizadas en la producción de productos gráficos no multimedia se utilizan en las distintas etapas de la impresión, diseño y fabricación de estos productos.

6.1. Tintas

Las **tintas** son fluidos o pastas que se utilizan para aplicar color en diversos soportes, como papel, tela, plástico u otros materiales. Varían en función del tipo de impresión (*offset,* serigrafía, digital, etc.). Algunos de los tipos más usados son las tintas *offset,* las tintas UV o las tintas a base de agua.

Actividades

5. Indique cinco tipos de tintas diferentes a las mencionadas y descríbalas.

6.2. Soportes de impresión

Los **soportes de impresión** son los materiales o medios sobre los que se realiza la impresión de texto, imágenes u otros elementos gráficos. Dependiendo del producto gráfico, los soportes varían.

Papel y otros soportes papeleros

El papel es el soporte más común y puede variar según su gramaje, acabado y tipo. Algunos de los tipos de papel más usados son:

- **Papel** *offset:* papel usado en libros, revistas y folletos.
- **Papel** *bond:* papel ligero utilizado principalmente para impresiones de documentos, fotocopias y correspondencia.
- **Papel estucado o** *couché:* papel con un acabado brillante o mate.
- **Papel reciclado:** papel producido a partir de pulpa reciclada. Es una opción ecológica que reduce el impacto ambiental.
- **Papel** *affiche:* papel resistente, utilizado principalmente para la impresión de carteles.

Un soporte papelero de amplio uso diferente al papel, es el papel cartulina o el cartón.

Actividades

6. Existen una gran variedad de tipos de papel. Investigue y dé cuatro ejemplos más.

Soportes no papeleros

Son soportes diferentes al papel. En la industria de la impresión se utilizan preferentemente soportes no papeleros como soportes plásticos, metales, tejidos, vidrio, cerámica o madera.

6.3. Herramientas y equipos

La producción de estos productos requiere una variedad de **herramientas y equipos** que permiten desde el diseño inicial hasta la impresión y acabado final. Son, por ejemplo, ordenadores, impresoras, *plotters,* máquinas de encuadernación y otros equipos de acabado, herramientas manuales como reglas, equipos de control de calidad como densitómetros o equipos utilizados para el transporte.

6.4. Materiales de acabado

Son los insumos adicionales que se utilizan en el proceso de impresión y acabado de productos gráficos. Algunos de ellos son adhesivos y colas, barnices y laminados, hilos, grapas y alambres, cuchillas y troqueles, y cartones, telas o pieles.

Actividades

7. También se deben tener en cuenta los componentes químicos de los que están formados todas las materias primas. Busque algunos componentes que forman tanto las tintas como el papel o los materiales de acabado.

Aplicación práctica

La empresa Hojas S. A. debe diseñar un folleto impreso que tenga la mayor calidad. Para ello debe considerar cuidadosamente las materias primas que alineen la sostenibilidad con la durabilidad. Indique qué materias primas podría usar para su producción.

SOLUCIÓN

1. **Tintas:** se usará tinta a base de agua, que son tintas que utilizan agua como solvente principal, más ecológicas y menos tóxicas.
2. **Soportes de impresión:** se usará papel reciclado, un papel producido a partir de materiales reciclados, lo que reduce el impacto ambiental.
3. **Herramientas y equipos:** ordenador para el diseño gráfico del folleto. Como *software*, programas como *Adobe Illustrator* o *InDesign* para crear el diseño del folleto, y una impresora láser o de inyección de tinta de alta resolución, preferiblemente con capacidades para tintas ecológicas.
4. **Materiales de acabado:** se usarán barnices y adhesivos ecológicos, que no son dañinos con el medioambiente, y herramientas manuales para dar forma al folleto, como cuchillas y troqueles.

7. Especificaciones de uso

La calidad de los productos gráficos no multimedia está determinada por una serie de **especificaciones de uso y requisitos** que deben cumplirse para asegurar que el producto sea funcional. Aunque se verán detenidamente en los siguientes epígrafes, a modo de resumen, algunas de estas especificaciones clave, son:

Especificaciones técnicas de impresión

- Resolución
- Formato de archivo
- Sangrado y márgenes

Materiales utilizados

- Tipo de papel
- Acabados

Características del diseño

- Tipografía
- Color
- Composición

Usabilidad y funcionalidad

- Objetivo claro
- Accesibilidad

Normas y estándares

- Cumplimiento de las normas nacionales e internacionales

Durabilidad y mantenimiento

- Resistencia
- Mantenimiento y condiciones óptimas

Actividades

8. Busque información e indique qué tipografías son las más usadas para redactar el cuerpo de texto de una página web. Justifíquelo.

8. Mantenimiento

En el **mantenimiento** de los productos gráficos no multimedia se engloban todas las acciones preventivas y correctivas necesarias para preservar su calidad, durabilidad y funcionalidad a lo largo del tiempo.

8.1. Planes

Los planes de mantenimiento para productos gráficos no multimedia se dividen en mantenimiento preventivo y mantenimiento correctivo.

Mantenimiento preventivo

Reúne las acciones programadas para evitar el deterioro del producto gráfico. Incluye:

- **Almacenamiento adecuado:** los productos gráficos deben almacenarse en condiciones óptimas para prevenir el deterioro del papel y la decoloración de las tintas.
- **Limpieza regular:** mantener los productos libres de polvo y manchas prolonga su vida útil.
- **Protección física:** utilizar fundas protectoras o laminados para proteger los productos de la manipulación constante.

Mantenimiento correctivo

Se refiere a las acciones necesarias para corregir los problemas cuando ya han ocurrido daños. Incluye:

- **Reparación de encuadernaciones:** si las páginas de un libro se han soltado, se puede reparar con reencuadernado o refuerzo de la estructura.
- **Reimpresión parcial:** cuando una parte de un folleto o catálogo se ha deteriorado, puede ser necesario reimprimir una sección o reemplazar algunas páginas.
- **Reemplazo completo:** en productos que no se pueden reparar, se puede proceder con la reimpresión del material completo.

Actividades

9. Además de estos dos tipos de mantenimiento básico, hay tipos de mantenimiento más específicos, como el mantenimiento predictivo, el mantenimiento proactivo o el rutinario. Busque información y descríbalos.

8.2. Organización

Un plan de mantenimiento debe estructurarse para ser eficiente y garantizar la durabilidad de los productos gráficos. Esto implica organizar las tareas, asignar personal y gestionar los recursos necesarios. Estas **tareas** son básicamente las siguientes:

- Realizar **inspecciones visuales** regulares de los productos gráficos, especialmente los que están en uso constante o exhibición.
- Establecer **rutinas de limpieza** para eliminar el polvo y otras partículas que puedan acumularse en ellos.
- Verificar que las **páginas** estén bien sujetas y que la estructura física del material (como libros o manuales) esté intacta.
- Revisar las **condiciones de almacenamiento** para asegurarse de que los productos no estén expuestos a luz excesiva, humedad o temperaturas extremas.
- Definir cuándo es necesario **reemplazar o reimprimir** productos gráficos que hayan sufrido daños irreparables.

8.3. Aspectos económicos

En el mantenimiento de productos gráficos no multimedia están asociados una serie de **costes,** que se dividen en costes fijos y costes variables:

Costes fijos

Estos costes se mantienen constantes a lo largo del tiempo, sin importar el número de productos gráficos que se produzcan o mantengan. Son por ejemplo los costes de almacenamiento, de limpieza y de conservación rutinaria, y los costes de personal especializado.

Costes variables

Estos costes dependen de la cantidad de productos gráficos que se deban mantener o reparar y pueden fluctuar con el volumen de trabajo. Algunos son, por ejemplo, los costes de reparación y sustitución, los de reimpresión, los de actualización de contenido o los de protección física adicional.

8.4. Recursos humanos

En el contexto del mantenimiento de productos gráficos, los **recursos humanos** incluyen al personal que participa en las diversas fases del mantenimiento preventivo y correctivo de los materiales gráficos. Los principales roles que forman parte del equipo de recursos humanos en este contexto son los siguientes:

1. **Responsable de mantenimiento gráfico:** su función principal es gestionar y coordinar el plan de mantenimiento.
2. **Diseñadores gráficos:** se encargan de actualizar o rediseñar elementos gráficos cuando los productos requieren reimpresión.
3. **Técnicos de impresión:** gestionan las operaciones de impresión de los productos gráficos.
4. **Encargado de almacenamiento:** garantizan que los productos estén almacenados óptimamente para evitar su deterioro.
5. **Personal de limpieza y conservación:** se encarga de la limpieza y mantenimiento rutinario de los productos gráficos.
6. **Especialistas en restauración gráfica:** se encargan de reparar productos gráficos que han sufrido daños severos.
7. **Coordinador de planificación del mantenimiento:** planifican las actividades de mantenimiento, asegurando que se cumplan los plazos establecidos y que los recursos estén disponibles.
8. **Gerente de recursos humanos:** gestiona la contratación, capacitación y desarrollo del personal involucrado en el mantenimiento.

Aplicación práctica

Debe crear un plan de mantenimiento para un catálogo impreso para una empresa de productos ecológicos que se van a presentar en una feria. En esta actividad, detalle las medidas preventivas y correctivas que añadiría al plan.

SOLUCIÓN

Mantenimiento preventivo

▪ Almacenar el catálogo en un lugar fresco, seco y oscuro, lejos de la luz solar directa y fuentes de humedad.
▪ Limpiar estantes y cajas donde se almacenan los catálogos para eliminar polvo y suciedad.
▪ Usar fundas protectoras o cajas para almacenar catálogos en exhibición.

Mantenimiento correctivo

▪ Si alguna página se suelta, reparar el catálogo con reencuadernado o pegamento adecuado.
▪ Reimprimir secciones deterioradas del catálogo, como páginas que se han rasgado o manchado.
▪ Si el catálogo está demasiado deteriorado y no se puede reparar, se procederá a la reimpresión completa.

9. Control de calidad en la preimpresión

El control de calidad en la **preimpresión** consiste en una serie de revisiones y ajustes técnicos que se realizan para asegurar que los archivos de diseño estén correctamente configurados para la impresión y que se eviten problemas durante el proceso de producción.

La preimpresión incluye todos los ajustes y revisiones técnicas necesarias antes de producir las artes finales. Su objetivo es asegurarse de que el archivo esté en óptimas condiciones para la impresión, minimizando el riesgo de errores que puedan afectar el producto impreso. En esta etapa, se verifica y ajusta lo que a continuación se expone.

9.1. Análisis de las características de las artes finales

Las **artes finales** son la versión final y definitiva del archivo que se enviará a impresión. Este archivo ya pasó por la preimpresión y contiene todos los elementos gráficos aprobados y ajustados para que el proceso de impresión sea exitoso.

Antes de que los archivos sean tratados como arte final, deben estar completamente listos, es decir, serán el archivo final que se enviará a imprenta, sin necesidad de ajustes adicionales. Deberá tener consistencia visual correcta y la configuración de impresión definitiva, en la que se tendrá en cuenta lo siguiente.

Formato del archivo

Los archivos deben estar en un formato compatible con la impresora y los sistemas de preimpresión utilizados. Los formatos más comunes son PDF de alta resolución, TIFF, AI *(Adobe Illustrator)* y EPS. El formato PDF/X-1a es ampliamente utilizado en la industria gráfica, ya que asegura la correcta incrustación de fuentes, imágenes y colores.

Resolución de imágenes

Las imágenes incluidas en las artes finales deben tener una resolución de al menos 300 ppp para asegurar una impresión nítida y detallada. Una resolución más baja puede provocar pixelación o imágenes borrosas.

Colores en modo CMYK

Los archivos deben estar en el modo de color CMYK, ya que es el estándar de impresión. Los archivos en RGB deben ser convertidos a CMYK, de lo contrario los colores podrían no reproducirse correctamente.

 **Nota**

Es importante utilizar los perfiles de color ICC correctos, para asegurar que los colores se reproduzcan fielmente. Deberán coincidir con las especificaciones del proveedor de impresión.

Tipografías y texto

Para evitar problemas de compatibilidad, las fuentes utilizadas en el diseño deben estar incrustadas en el archivo PDF o convertidas a curvas o contornos. Esto asegura que la impresora no necesite acceso a las fuentes originales y que el texto se mantenga tal y como fue diseñado. Además, es esencial que los tamaños de las tipografías sean adecuados para garantizar la legibilidad en el producto final. El tamaño mínimo suele ser de 6-8 puntos, dependiendo del tipo de fuente y el soporte.

Márgenes, sangrías y líneas de corte

Se debe tener en cuenta lo siguiente:

- **Márgenes de seguridad:** todos los elementos importantes, como texto, logotipos e imágenes, deben estar dentro de los márgenes de seguridad, generalmente a 3-5 mm del borde del documento.
- **Sangrado:** las artes finales deben incluir un área de sangrado (generalmente de 3-5 mm) para evitar que queden bordes blancos no deseados tras el corte.
- **Marcas de corte:** estas marcas indican a la impresora dónde cortar el papel para obtener el tamaño final del producto. Deben estar claramente visibles en el archivo final.

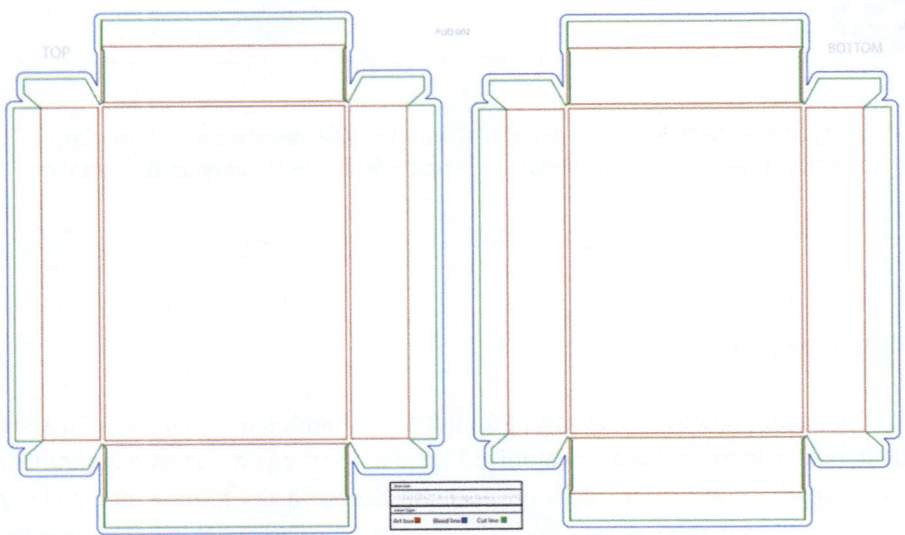

Plantilla de caja con marcas de corte para su impresión

Consistencia gráfica

El diseño debe mantener la consistencia en el uso de logotipos, tipografías, colores y otros elementos gráficos. La coherencia garantiza que el producto final sea visualmente uniforme y profesional. Además, todos los elementos deben estar alineados correctamente. La falta de alineación puede dar una apariencia desordenada o *amateur* al producto final.

Tamaño del archivo

Aunque es importante que el archivo mantenga la calidad necesaria para impresión, también debe ser lo suficientemente optimizado para que no sea demasiado pesado, lo que podría causar problemas durante la transferencia a la imprenta.

 **Nota**

Es recomendable usar técnicas de compresión sin pérdida, como TIFF o PDF optimizados para impresión, para reducir el tamaño del archivo sin comprometer la calidad.

Ajustes de tramado y texturas

En los artes finales, el tramado debe estar ajustado para evitar problemas de *moiré* (patrones no deseados) en las imágenes.

 Definición

Tramado
Proceso mediante el cual los colores se dividen en pequeños puntos para crear diferentes tonos.

Si se han utilizado efectos especiales, como sombras o degradados, es importante revisar que estos se impriman correctamente y no generen problemas de tramado o desajustes.

Ajuste de efectos de transparencia y sombras

Cualquier transparencia utilizada en el diseño debe ser manejada correctamente para evitar problemas en la impresión, como líneas blancas o diferencias en la opacidad. Por su parte, las sombras o degradados deben ser revisados para garantizar que no se generen bandas de color o efectos indeseados durante la impresión.

Encuadernación y pliegues

Si el producto final va a ser encuadernado, es importante prever márgenes adicionales en el lomo para evitar que se pierda texto o imágenes en el proceso de encuadernación.

 **Actividades**

10. Indique tres ejemplos de acabados especiales que pueden realizarse en los artes finales.

9.2. Revisión y corrección de pdfs

La **revisión y corrección de un archivo PDF** es una etapa crucial en el proceso de producción gráfica, ya que asegura que el archivo final esté libre de errores y cumpla con todos los requisitos técnicos antes de ser enviado a la imprenta o publicado. Este proceso implica verificar los diversos aspectos del archivo que se han visto, como el formato, las imágenes, los colores, las tipografías y los elementos técnicos, para garantizar una impresión de alta calidad.

Los principales pasos para realizar una correcta revisión y corrección de un archivo PDF son:

1. Verificación del formato de archivo.
2. Verificación de la resolución de las imágenes.
3. Revisión de colores.
4. Revisión de tipografías.
5. Revisión de márgenes, sangrías y marcas de corte.
6. Ajustes de transparencia y efectos.
7. Control de tramados y líneas finas.
8. Revisión del contenido y coherencia.
9. Pruebas digitales y físicas en un monitor calibrado.

10. Optimización del archivo para impresión.

11. Cumplimiento de las especificaciones de la imprenta.

12. Control final y aprobación por parte del cliente.

 Consejo

Para revisar los PDF se aconseja el uso de programas como *Adobe Acrobat Pro,* que permite verificar, corregir y optimizar archivos para impresión. Dispone de herramientas para revisar tipografías, colores y marcas de corte.

| Todas las herramientas | Editar | Convertir | Firma electrónica | B |

Todas las herramientas ✕

- 🔄 Convertir a PDF
- 👤 Agregar un sello
- 🔏 Utilizar un certificado
- ⬡ Usar producción de impresión
- 🖊 Medir objetos
- 🔀 Comparar archivos
- 🎞 Agregar medios enriquecidos
- 📋 Enviar para obtener coment...
- 📄 Usar acciones guiadas
- ♿ Preparar para la accesibilidad

Obtenga una vista previa de los PDF, efectúe comprobaciones y prepárelos para la producción de alta calidad

En la imagen se puede ver el menú de opciones que permite comprobar los requisitos antes detallados.

Actividades

11. Aunque *Adobe Acrobat Pro* es el programa más utilizado para realizar una revisión de archivos PDF, hay otros programas válidos. Investigue e indique dos ejemplos más de herramientas útiles para este fin.

9.3. Control de la adecuación de las artes finales al soporte de salida

La **compatibilidad con el soporte** es un factor fundamental en el proceso de control de adecuación de las artes finales, ya que cada tipo de material sobre el que se imprimirá el diseño (papel, vinilo, tela, cartón, etc.) tiene propiedades físicas diferentes que pueden influir en la calidad de la impresión. Los factores que hay que considerar para asegurar la compatibilidad con el soporte son:

1. Absorción de tinta según las propiedades del material, para evitar que los colores queden demasiado tenues o que la tinta se corra.
2. Los soportes pueden variar en textura, desde papeles lisos hasta materiales con texturas más rugosas.
3. Reacción del material a la impresión.
4. Opciones de acabado, sobre todo aquellos que son especiales.
5. Ajustes para diferentes tipos de impresión.

Aplicación práctica

Como miembro del equipo de diseño de una empresa de impresión, debe analizar las características de las artes finales de un catálogo que va a imprimir. Para ello, indique qué acción deberá realizar para cada una de las siguientes comprobaciones:

I Formato del archivo
I Resolución de imágenes

Continúa en página siguiente >>

<< Viene de página anterior

I **Colores en modo CMYK**
I **Tipografías y texto**
I **Márgenes, sangrías y líneas de corte**
I **Consistencia gráfica**
I **Tamaño del archivo**
I **Ajustes de tramado y texturas**
I **Ajuste de efectos de transparencia y sombras**
I **Encuadernación y pliegues**

SOLUCIÓN

I Formato del archivo: asegurarse de que el archivo esté en formato PDF/X-1a.
I Resolución de imágenes: comprobar que todas las imágenes tengan una resolución de 300 ppp.
I Colores en modo CMYK: confirmar que el archivo esté en modo de color CMYK.
I Tipografías y texto: asegurarse de que todas las fuentes estén incrustadas o convertidas a curvas.
I Márgenes, sangrías y líneas de corte: confirmar que todos los elementos importantes estén dentro de los márgenes de seguridad de 3-5 mm.
I Consistencia gráfica: revisar la coherencia en el uso de logotipos, tipografías y colores a lo largo del catálogo.
I Tamaño del archivo: comprobar que el archivo PDF no exceda los 50 MB para facilitar la transferencia.
I Ajustes de tramado y texturas: asegurarse de que el tramado esté ajustado para evitar el efecto de *moiré.*
I Ajuste de efectos de transparencia y sombras: comprobar que las transparencias estén bien gestionadas y que no generen problemas en la impresión.
I Encuadernación y pliegues: confirmar que se hayan añadido márgenes adicionales para la encuadernación.

10. Control de calidad en las pruebas de impresión

Una **prueba de impresión** es una muestra física o digital de cómo se verá el diseño final cuando se imprima. Es una versión preliminar del trabajo que permite comprobar la precisión del color, la disposición del diseño, la calidad de las imágenes y otros aspectos técnicos antes de proceder con la impresión definitiva.

10.1. Análisis de las características de la prueba de impresión

Las características de la prueba de impresión se analizan para verificar que todos los aspectos del diseño y la calidad técnica cumplan con las expectativas y los estándares. Este análisis se centra en analizar lo siguiente.

Color

La prueba de impresión permite evaluar cómo se reproducen los colores en el soporte final. Se analiza si los colores coinciden con los valores originales del diseño, teniendo en cuenta el modelo CMYK.

Sabía que...

Las pruebas contractuales se utilizan para garantizar que los colores en la prueba sean fieles al resultado final en la impresión masiva.

Actividades

12. ¿Qué colores se incluyen en el modelo de color CMYK?

Imágenes y gráficos

Se analiza la **resolución** de las imágenes y gráficos incluidos en el diseño. Las pruebas permiten detectar si alguna imagen está pixelada o borrosa debido a una baja resolución.

Tipografía

Se verifica que las **fuentes** utilizadas sean legibles y estén correctamente reproducidas. Esto incluye analizar el tamaño, el espaciado entre letras *(kerning)*, la alineación del texto y la claridad visual en el producto impreso.

El tramado

El **tramado** es una técnica que emplea puntos para simular tonos de color. En la prueba de impresión, se analiza cómo se implementa el tramado en las áreas de color degradado o en imágenes de tono continuo.

Importante

Se debe verificar que no se presenten problemas como **efectos *moiré*** (patrones no deseados de interferencia), y que los degradados se vean suaves y sin cortes bruscos entre colores.

Alineación y disposición

Se verifica la correcta disposición de todos los elementos gráficos, imágenes y textos. Las marcas de corte y las sangrías deben estar en los lugares correctos para evitar que se recorten partes importantes del diseño en el producto final.

Acabados especiales

Se analiza si los acabados están bien definidos y se aplican correctamente en las áreas específicas del diseño, sin interferir con otros elementos gráficos.

Soportes

Se evalúa cómo el diseño se comporta en el material específico sobre el que se imprimirá. Las pruebas permiten analizar cómo la textura, el grosor y la absorción del material afectan a la impresión final.

Saturación y contraste

Se analiza si la saturación de los colores es adecuada para el soporte y el tipo de impresión. El contraste entre los colores y el fondo también es revisado para garantizar que el diseño tenga un equilibrio visual correcto.

Transparencias y efectos de sobreimpresión

Las transparencias y efectos de sobreimpresión deben reproducirse correctamente en la prueba de impresión. Se analiza si las capas y transparencias se acoplaron correctamente sin generar errores o efectos visuales no deseados, como líneas blancas o variaciones en los colores.

Tamaño y proporciones

Se verifica que el tamaño del diseño en la prueba de impresión coincida con las dimensiones reales del producto final. Si hay ajustes en el tamaño, se analiza que las proporciones del diseño y sus elementos no se distorsionen.

10.2. Contraste de impresión visualmente

El **contraste de impresión** es la diferencia visual entre los distintos elementos de un diseño, como colores, tonalidades, formas y tamaños, que permite distinguir unos de otros claramente. En la impresión, el contraste no solo depende del diseño, sino también del tipo de soporte utilizado y de la calidad de la tinta y el proceso de impresión. Los principales tipos de contraste incluyen:

- **Contraste de color:** se refiere a la diferencia entre colores claros y oscuros, cálidos y fríos, o colores complementarios.

- **Contraste de valor:** se refiere a la diferencia en los tonos claros y oscuros dentro de un diseño, independientemente del color.
- **Contraste de tamaño:** implica variar las proporciones de los elementos del diseño para crear jerarquía visual. Se utiliza para diferenciar títulos, subtítulos y el cuerpo del texto, así como para destacar imágenes importantes.
- **Contraste de forma:** se refiere a la diferencia en las formas utilizadas dentro de un diseño.
- **Contraste de textura:** se refiere a la diferencia entre superficies lisas y rugosas o patrones finos y gruesos.
- **Contraste de dirección o alineación:** se logra al variar la dirección de los elementos dentro del diseño.
- **Contraste de saturación:** ocurre cuando se usan colores brillantes o muy saturados junto a colores apagados o de baja saturación.

10.3. Imágenes de control

Las **imágenes de control o tiras de impresión** son áreas específicas que se añaden fuera del área impresa del producto final, generalmente en los márgenes del pliego o de la hoja, que contienen una serie de elementos o patrones de control, como barras de color, grises, escalas de tonos y otros indicadores. En el archivo aparecerán de varias formas, como se muestra a continuación.

Ejemplo de tiras de impresión

Permiten medir y controlar varios parámetros clave de la impresión, entre los que destacan los siguientes:

1. **Densidad de la tinta:** se refiere a la cantidad de tinta aplicada en cada área impresa.
2. **Registro de color:** se refiere a la alineación correcta de los colores CMYK durante la impresión. Las tiras de impresión contienen patrones específicos para verificar que cada color esté correctamente alineado.
3. **Balance de grises:** mide la capacidad de una impresora para reproducir colores neutros sin que los colores CMYK se mezclen mal.
4. **Ganancia de punto:** es un fenómeno que consiste en que los puntos de la trama se agrandan más de lo esperado cuando se transfieren al papel.
5. **Contraste de impresión:** evalúa la diferencia entre las áreas más oscuras y claras en una imagen impresa.
6. **Calibración de colores:** evalúa cómo los colores se reproducen en relación con los colores definidos en el diseño original.

Actividades

13. Con una tira de control también es posible medir lo que se conoce como punto de tinta seca o *dot gain.* Investigue e indique de qué se trata.

10.4. Densitometría, colorimetría y espectrofotometría

En el control de calidad de la impresión, la densitometría, la colorimetría y la espectrofotometría son tres técnicas de medición fundamentales que permiten evaluar la exactitud y consistencia de los colores, y la cantidad de tinta aplicada durante el proceso de impresión.

Densitometría

La densitometría es una técnica que mide la cantidad de luz absorbida por una superficie impresa, lo que permite evaluar la densidad óptica de la tinta sobre el material de impresión. Se utiliza para controlar la densidad de la tinta aplicada en los colores primarios y asegurar que los niveles de tinta sean adecuados para una impresión óptima.

Para medir la densidad se utiliza un **densitómetro,** un dispositivo que emite luz sobre el área impresa y mide la cantidad de luz que es absorbida o reflejada por la tinta en el material. El densitómetro proporciona una lectura numérica que indica la densidad óptica de la tinta en esa área.

Colorimetría

La colorimetría es la ciencia que mide los colores de manera objetiva y cuantificable. Evalúa cómo percibe el ojo humano los colores en función de tres coordenadas que representan la mezcla de los tres colores primarios. Se utiliza para garantizar que los colores impresos coincidan con los valores de color definidos en el diseño original.

Para medirla se utiliza un **colorímetro,** un dispositivo que mide la luz reflejada o transmitida desde una superficie impresa. El colorímetro compara el color medido con un estándar de referencia y calcula las diferencias de color utilizando sistemas como el CIE Lab (L*, a*, b*), que define los colores en términos de luminosidad.

Espectrofotometría

La espectrofotometría es una técnica que mide cómo una superficie refleja o transmite la luz a lo largo de todo el espectro visible. Es utilizada para realizar mediciones altamente precisas de color, especialmente en impresiones que requieren una fidelidad de color extrema, como en productos de lujo, arte gráfico o reproducciones de alta calidad.

Para medirla se utiliza un **espectrofotómetro,** un dispositivo que mide cómo se refleja o transmite la luz en diferentes longitudes de onda desde la superficie impresa. El espectrofotómetro genera un gráfico espectral, que muestra la cantidad de luz reflejada en cada longitud de onda del espectro visible.

10.5. Calidad de la imagen

La calidad de una imagen es fundamental tanto en diseño gráfico como en impresión. Para evaluar la calidad de una imagen se miden varios parámetros que influyen en su apariencia y en su reproducción en medios impresos o digitales. Algunos de estos parámetros son:

1. **Resolución:** se refiere a la cantidad de detalles que una imagen puede mostrar. Cuanto mayor sea la resolución, más detalles pueden capturar y mostrar una imagen.
2. **Profundidad de color:** se refiere a la cantidad de bits que se utilizan para representar el color en cada píxel. Las imágenes de mayor profundidad de color tienen una mayor gama de colores.
3. **Nitidez:** se refiere a la claridad con la que los detalles y los bordes se ven en la imagen. Una imagen nítida tendrá bordes bien definidos y detalles claros.
4. **Contraste:** es la diferencia entre las áreas claras y oscuras de una imagen.
5. **Gama de colores:** se refiere a la capacidad de la imagen para representar fielmente una variedad de colores, desde los más oscuros hasta los más brillantes.
6. **Relación de aspecto:** es la proporción entre el ancho y la altura de una imagen. Mantener una relación de aspecto correcta asegura que la imagen no se deforme cuando se redimensiona.
7. **Ruido:** es la presencia de píxeles distorsionados que no forman parte de la imagen original. Suele ser más visible en áreas oscuras.
8. **Compresión:** es el proceso de reducir el tamaño del archivo de una imagen. La compresión puede ser con pérdida (JPEG) o sin pérdida (PNG o TIFF), y afecta directamente la calidad de la imagen.
9. **Enfoque:** mide cómo de clara y bien definida está una imagen. Un buen enfoque garantiza que las áreas importantes de la imagen sean nítidas y estén bien delineadas.

10.6. Estándares y observaciones

Partiendo de los parámetros anteriores, para garantizar la calidad óptima en la creación y producción de imágenes y productos impresos, se deben seguir una serie de **estándares y criterios técnicos:**

- La **resolución** mínima recomendada para imágenes destinadas a impresión es de 300 ppp, mientras que para pantallas se puede utilizar 72 ppp.
- Utilizar el **espacio de color** CMYK.
- Todas las **fuentes** utilizadas en el diseño deben estar incrustadas en el archivo o convertidas a curvas antes de enviarlas a impresión.
- De debe incorporar una **sangría** mínima de 3 a 5 mm para productos impresos.
- El **formato** preferido para enviar archivos a imprenta es PDF/X-1a o PDF/X-4.
- La **tolerancia de registro** para impresiones de calidad debe estar dentro de ±0,25 mm, para asegurar una correcta alineación de los colores en la impresión.
- La **densidad de tinta** debe estar controlada dentro de los rangos establecidos para cada color según los estándares de impresión.
- Mantener la **relación de aspecto** adecuada para evitar la distorsión de las imágenes y gráficos al redimensionarlos.
- Establecer **tiempos de secado** adecuados para cada tipo de tinta y papel, dependiendo del proceso de impresión.
- Cumplir con las **normativas de sostenibilidad** como el uso de papeles certificados FSC *(Forest Stewardship Council)* y tintas ecológicas, que respetan los estándares medioambientales.
- Cumplir con los **estándares** ISO 12647 en el proceso de impresión, que establecen pautas sobre la gestión del color, el control de la tinta, el registro y otras variables críticas para asegurar la calidad de la impresión.

Sabía que...

El rango de densidad generalmente recomendado es:

cian: 1,30 – 1,50; magenta: 1,30 – 1,50; amarillo: 1,00 – 1,20; negro: 1,60 – 1,80.

 Actividades

14. Es importante utilizar perfiles de color ICC para garantizar la consistencia y precisión del color entre diferentes dispositivos. ¿Qué son estos perfiles?

 Aplicación práctica

Está comprobando la calidad de las imágenes de un cartel que debe imprimir y se encuentra con que una de las imágenes tiene los siguientes parámetros:

- **Resolución: 250 ppp**
- **Espacio de color: RGB**
- **Fuentes: no incrustadas**
- **Sangría: 2 mm**
- **Formato: PDF/X-4**
- **Tolerancia de registro: ±0.30 mm**
- **Densidad de tinta: cian: 1,25 / magenta: 1,40 / amarillo: 1,10 / negro: 1,70**
- **Relación de aspecto: correcta**
- **Tiempo de secado: 5 minutos (dependiendo de la tinta utilizada)**
- **Normativa de sostenibilidad: papel no certificado FSC**
- **Cumplimiento de normas ISO: no se verifica**

Continúa en página siguiente >>

<< Viene de página anterior

Indique si cumple con los estándares para la impresión realizando una tabla en la que indique el parámetro que comprobar, el estándar, el valor de la imagen y si cumple o no con los requisitos. Se indica un ejemplo a continuación:

Parámetro	Estándar	Valor imagen	¿Cumple?
Resolución	Mínimo 300 pp	250 pp	No

SOLUCIÓN

Parámetro	Estándar	Valor imagen	¿Cumple?
Resolución	Mínimo 300 pp	250 pp	No
Espacio de color	CMYK	RGB	No
Fuentes	Fuentes incrustadas o convertidas a curvas	No incrustadas	No
Sangría	Mínima 3-5 mm	2 mm	No
Formato de archivo	PDF/X-1 o PDF/X-4	PDF/X-4	Sí
Tolerancia de registro	±0,25 mm	±0,30 mm	No
Densidad de la tinta	cian: $1,30 - 1,50$ / magenta: $1,30 - 1,50$ / amarillo: $1,00 - 1,20$ / negro: $1,60 - 1,80$	cian: 1,25, magenta: 1,40, amarillo: 1,10, negro: 1,70	Sí, pero cian no
Relación de aspecto	Mantener relación de aspecto	Correcta	Sí
Tiempos de secado	Establecer tiempo de secado según tinta	5 min	Sí
Normativa de sostenibilidad	Uso de papeles certificados FSC y tintas ecológicas	No certificado FSC	No
Cumplimiento normas ISO	Estándares ISO 12647	No se verifica	No

10.7. Ganancia de punto, afinamiento y contraste

Dentro de los parámetros que se han visto en el apartado anterior, destacan estos conceptos clave, que afectan directamente la nitidez, el detalle y la claridad de la impresión final, y que se miden con herramientas como el densitómetro.

Ganancia de punto

La **ganancia de punto** es el fenómeno por el cual los puntos de tinta que conforman las imágenes y tonos en un diseño impreso se agrandan al ser transferidos desde la plancha de impresión al papel o sustrato. La ganancia de punto se mide en porcentajes: si un punto en el archivo original tiene un valor del 50 % de cobertura y en la impresión tiene un valor del 65 %, la ganancia de punto sería del 15 %.

Afinamiento

El **afinamiento** es el fenómeno contrario a la ganancia de punto. Se refiere a la reducción o pérdida de tamaño de los puntos de tinta durante el proceso de impresión. Esto puede hacer que las áreas impresas aparezcan más claras o desvanecidas de lo que se esperaba en el diseño. Se mide en porcentaje negativo respecto al tamaño del punto original: si un punto de 50 % y en el archivo se imprime con un valor del 40 %, el afinamiento sería de −10 %.

Contraste

El **contraste** de impresión es la diferencia entre las áreas más oscuras y las más claras de una imagen impresa.

 Nota

Un contraste elevado significa que la impresión tiene buenas diferencias entre las áreas oscuras y las claras, lo que genera una imagen más nítida y con mayor riqueza de detalles.

Se mide como la diferencia entre la densidad óptica de las áreas más oscuras (sombras) y la densidad de las áreas de tonos medios.

10.8. Comportamiento de la tinta

Tener en cuenta el **comportamiento de la tinta** es fundamental para lograr una impresión de alta calidad. Se refiere a cómo interactúa la tinta con los diferentes componentes del proceso de impresión, como el papel (o cualquier otro sustrato), la máquina de impresión y las condiciones ambientales. A continuación, se detallan los factores clave que afectan el comportamiento de la tinta en la impresión:

Viscosidad de la tinta

Se refiere a la fluidez o resistencia al flujo de la tinta. Una tinta muy viscosa fluye lentamente, mientras que una tinta con baja viscosidad fluye más fácilmente.

Absorción de la tinta en el sustrato

Es la capacidad del papel para absorber la tinta. La tinta interactúa con la superficie del sustrato y, dependiendo de las características de este, la tinta se asentará más en la superficie o será absorbida por los poros del material.

Secado de la tinta

El secado es el proceso por el cual la tinta se adhiere y se estabiliza en el sustrato tras su aplicación.

Resistencia de la tinta

La resistencia se refiere a su capacidad para soportar factores externos, como la luz, la humedad, el roce y los productos químicos.

Transferencia de la tinta

Se refiere al proceso mediante el cual la tinta pasa de un rodillo o plancha a otro y finalmente al sustrato.

Actividades

15. Se habla de tintas de alta viscosidad y tintas de baja viscosidad. Busque información e indique los problemas que pueden provocar.

10.9. Transferencia

De entre los parámetros anteriores destaca la **transferencia** de la tinta, ya que es un proceso clave en técnicas de impresión como *offset,* en la que la tinta se transfiere desde la plancha a un rodillo intermedio y luego al papel. Si la tinta se transfiere bien, la impresión es uniforme y clara, con colores nítidos y bien definidos; en cambio, si la tinta no se transfiere adecuadamente, pueden aparecer áreas desiguales o inconsistentes en la impresión, con parches de tinta o falta de definición en los detalles.

10.10. Desviación monocromática

La **desviación monocromática** en el contexto de la impresión o la gestión del color se refiere a las variaciones o diferencias que se producen en los tonos de un único color cuando el color impreso no se corresponde exactamente con el valor original o esperado. Las consecuencias de la desviación monocromática pueden ser la pérdida de precisión de los detalles, sobre todo si las imágenes están en blanco y negro, y problemas en la reproducción del color.

10.11. Error de tono. Grisura

En los procesos de impresión y reproducción de imágenes, existen fenómenos que pueden afectar la precisión del color y la percepción de este, como el error de tono y la grisura.

Error de tono

El **error de tono** se refiere a una desviación o alteración en la percepción de un color cuando no coincide con el color original o esperado. Este error ocurre cuando un color impreso tiene un matiz o tonalidad diferente del color que fue diseñado o especificado, lo que puede hacer que los colores impresos parezcan incorrectos, ya sea más oscuros, más claros o con una tonalidad distinta.

Grisura

La **grisura** es un problema de impresión que se refiere a una tendencia de los colores impresos a parecer más apagados o desaturados, lo que da como resultado una imagen que parece tener un tono grisáceo en lugar de colores vivos y ricos. La grisura generalmente ocurre cuando los colores no se imprimen con suficiente pureza o cuando los colores se mezclan de manera incorrecta, produciendo áreas apagadas o grises.

10.12. Comportamiento del papel

Para medir la calidad del papel, se debe tener en cuenta lo siguiente:

Absorción de la tinta

Es la capacidad del papel para absorber y retener la tinta aplicada durante la impresión. El comportamiento del papel en términos de absorción puede variar según el tipo de papel (estucado, no estucado, reciclado, etc.), lo que afecta la calidad de la imagen y la vivacidad del color.

Gramaje y grosor del papel

El gramaje se refiere al peso del papel, que se mide en gramos por metro cuadrado (g/m^2). El grosor del papel está relacionado con el gramaje, aunque también depende del tipo de fibra y del proceso de fabricación del papel. Ambos factores determinan la rigidez y la durabilidad del papel durante el proceso de impresión.

Continúa en página siguiente >>

<< Viene de página anterior

Textura y acabado del papel

La **textura** del papel se refiere a la suavidad y rugosidad de su superficie, mientras que el acabado puede ser brillante, mate, satinado, entre otros. La textura y el **acabado** afectan cómo la tinta se distribuye y cómo se percibe visualmente el producto final.

Opacidad y transparencia

La **opacidad** del papel se refiere a su capacidad para bloquear la luz y evitar que la tinta impresa en una cara del papel se vea desde la otra cara. Los papeles menos opacos tienen mayor **transparencia**, lo que puede causar problemas.

Resistencia a la tracción y al desgarro

Son importantes en las aplicaciones en las que el papel está sometido a tensión, como en la alimentación de la máquina de impresión o en el uso posterior del producto (folletos, catálogos, etc.).

 Actividades

16. Un papel de bajo gramaje puede ocasionar un problema denominado *slow-through*. ¿En qué consiste?

10.13. Análisis de gráficos de control estadístico

En el contexto de la impresión, el análisis de los **gráficos de control estadístico** tiene el objetivo de identificar patrones o comportamientos inusuales que indiquen que el proceso está fuera de control. Este análisis comienza con la recolección de datos relevantes, como la densidad de color y el registro de impresión, a partir de impresiones de prueba o de la producción diaria. Una vez obtenidos los datos, se seleccionan gráficos de control apropiados y se pasa a la interpretación de los datos recogidos, lo que permite identificar tendencias y puntos fuera de control. Si se detectan variaciones, se implementan acciones correctivas para abordar las causas raíz, como ajustes en la máquina o cambios en los materiales.

Finalmente, el monitoreo continuo de los gráficos asegura que el proceso de impresión se mantenga dentro de los límites establecidos, lo que permite mejorar la consistencia del producto y optimizar la calidad. Esto se traduce en la satisfacción del cliente.

11. Control de calidad en postimpresión

El control de calidad en la **postimpresión** se refiere al conjunto de procedimientos y verificaciones que se realizan después de que el material haya sido impreso, para asegurar que los productos impresos cumplan con los estándares de calidad exigidos antes de su entrega al cliente o distribución.

11.1. Parámetros de calidad en acabados

Los **acabados** son una parte crucial del proceso de postimpresión y juegan un papel importante en la calidad final de los productos impresos. A continuación, se describen los principales parámetros de calidad que se deben controlar en los diferentes tipos de acabados.

Laminado

El **laminado** consiste en aplicar una capa plástica (brillante, mate o texturizada) sobre el material impreso para mejorar su protección y resistencia. Se utiliza en tarjetas, portadas de libros, catálogos, entre otros. Los parámetros de calidad para el laminado son:

- Adhesión al sustrato
- Uniformidad de la capa de laminado
- Transparencia perfecta
- Ausencia de burbujas y arrugas
- Resistencia al desgaste por rasgado, rayado o la abrasión

Barnizado

El **barnizado** es un proceso de acabado que se aplica a productos impresos, como folletos, carteles, libros y empaques, con el objetivo de mejorar su apariencia, proteger su superficie y aumentar su durabilidad. Los parámetros de calidad para barnizado son:

- Uniformidad del brillo
- Precisión en la aplicación del barniz
- Adhesión adecuada a la superficie
- Ausencia de manchas o exceso de barniz
- Resistencia al desgaste

Actividades

17. Hay un tipo de barniz que merece especial atención: el barniz sectorizado. ¿Por qué?

Troquelado

El **troquelado** es el proceso de cortar formas específicas en un material impreso, como las cajas, carpetas o etiquetas, creando bordes personalizados o aberturas. Los parámetros son:

- Precisión en el corte
- Limpieza del corte en los bordes
- Funcionamiento y ensamblado adecuado
- Ausencia de desplazamientos entre el troquelado y el diseño

Plegado

El **plegado** es esencial en la producción de folletos, trípticos, revistas y catálogos. Los parámetros de calidad para el plegado son:

- Precisión en las líneas de plegado y simetría
- Ausencia de marcas y arrugas
- Facilidad de plegado

Relieves, gofrados y estampados

Estos acabados añaden textura y profundidad a un diseño, al elevar o estampar ciertas áreas del producto impreso. Los parámetros son:

- Precisión del relieve
- Definición y profundidad
- Ausencia de distorsión

Adhesivos

Para productos impresos que incluyen etiquetas adhesivas o superficies que deben sellarse, es esencial garantizar la calidad de los adhesivos aplicados. Los parámetros que se miden son:

- Fuerza de adhesión
- Ausencia de residuos o manchas
- Compatibilidad con el sustrato

11.2. Análisis de gráficos de control estadístico

En la postimpresión, se realizan procesos que determinan la funcionalidad y presentación final del producto impreso. Los **gráficos de control estadístico** ayudan a:

- Detectar desviaciones en parámetros críticos de calidad.
- Prevenir defectos mediante la identificación temprana de problemas.

- Mejorar la eficiencia al reducir retrabajos y desperdicios.
- Asegurar consistencia en la calidad de los acabados impresos.

Cada proceso de postimpresión tiene sus propios parámetros clave, que deben monitorearse mediante gráficos de control:

Corte y recorte

Se mide la exactitud del corte y la alineación.

Plegado

Se mide la precisión y la simetría de este.

Troquelado

Se mide la exactitud del troquelado y el desgaste de este.

Laminado y barnizado

Se mide el espesor del laminado y la presencia de burbujas o defectos.

Encuadernación

Se mide la fuerza de la encuadernación y la alineación de las páginas.

 Actividades

18. Busque información e indique un gráfico de control estadístico que se pueda usar para analizar el proceso de postimpresión.

11.3. Parámetros de calidad en encuadernación

La **encuadernación** es el proceso de unir varias hojas impresas para formar libros, revistas, catálogos o folletos. Los **parámetros de calidad** en la impresión son:

- Alineación correcta de las páginas.
- Resistencia de los métodos de encuadernación, como el cosido, el encolado o el engrapado.
- Durabilidad del lomo, que debe ser resistente al uso y no mostrar señales de deterioro.
- Apertura y cierre del producto fluidos.

 Aplicación práctica

Mire la siguiente imagen e indique si el lomo del libro cumpliría el parámetro de durabilidad del lomo. Explíquelo.

SOLUCIÓN

El lomo del libro no cumple con el parámetro de durabilidad. La evidencia de desgaste significativo, la pérdida de material en la superficie y la posible separación del lomo indican que el libro no es resistente al uso prolongado, y que podría deteriorarse aún más con el tiempo. Por lo tanto, este libro podría requerir reparaciones o un tratamiento de restauración para mejorar su durabilidad.

12. Resumen

La gestión de la calidad de productos gráficos no multimedia es un proceso integral que abarca desde la planificación y la preimpresión hasta la producción final y los acabados. Cada fase tiene un papel fundamental en asegurar que el producto final cumpla con los estándares técnicos y las expectativas del cliente, destacándose el control exhaustivo de los elementos gráficos, los materiales y las técnicas de impresión.

La fase de preimpresión es particularmente importante, ya que en ella se preparan los archivos para asegurar compatibilidad con los sistemas de impresión, revisando aspectos como el formato, la resolución de las imágenes, el modo de color CMYK, y la incrustación de fuentes. De esta forma, se minimizan los errores y se optimiza la calidad de las artes finales, las cuales representan la versión definitiva, lista para imprimir, sin necesidad de ajustes adicionales.

En la etapa de postimpresión, se cuida que los acabados, como laminados, troquelados y barnizados, mantengan los niveles de calidad esperados, permitiendo una presentación visual atractiva y la durabilidad del producto. Además, el uso de herramientas estadísticas y gráficas ayuda a monitorear y mantener la consistencia, identificando cualquier desviación que podría afectar la percepción del cliente sobre el producto.

Finalmente, el control de calidad en encuadernación y otros acabados asegura que el producto no solo sea funcional, sino que tenga un acabado profesional y resistente al uso.

Ejercicios de repaso y autoevaluación

1. **Indique si las siguientes afirmaciones son verdaderas o falsas.**

   a. El producto gráfico no multimedia puede incluir animaciones y vídeos.

      ☐ Verdadero
      ☐ Falso

   b. La calidad de un producto gráfico no multimedia solo se refiere a su apariencia visual.

      ☐ Verdadero
      ☐ Falso

2. **Enumere tres funciones de un producto gráfico no multimedia.**

   _____
   _____
   _____
   _____

3. **¿Qué es un diagrama de Ishikawa?**

   _____
   _____
   _____
   _____

4. **Relacione cada concepto con su correspondiente definición.**

     a. Densitometría
     b. Encuadernación
     c. CMYK
     d. Ganancia de punto
     e. Tipografías
     f. Tintas a base de agua
     g. Espacio de color RGB

     ___ Proceso de unir varias hojas impresas
     ___ Herramienta utilizada para medir la cantidad de tinta
     ___ Espacio de color utilizado en impresión
     ___ Fenómeno que causa el aumento del tamaño de los puntos de tinta
     ___ Fuentes utilizadas en el diseño gráfico
     ___ Opciones de impresión más ecológicas y menos tóxicas
     ___ Modo de color utilizado principalmente para pantallas

5. **Complete los huecos de la siguiente frase.**

El proceso de creación de un producto gráfico no multimedia comienza con una fase de _____ y _____.

6. **La densidad de tinta para el color negro debe estar entre:**

     a. 1,60 y 1,80
     b. 1,30 y 1,50
     c. 1,00 y 1,20
     d. 1,80 y 2,00

7. **Clasifique los siguientes elementos en materias primas o herramientas/equipos:** *plotter,* papel reciclado, impresora láser, tinta a base de agua, cuchillas.

_____

_____

8. Defina *ganancia de punto.*

_____
_____

9. ¿Cuál de los siguientes no es un tipo de producto gráfico no multimedia?

    a. Folleto
    b. Vídeo
    c. Cartel
    d. Infografía

10. Explique la importancia del control de calidad en la preimpresión.

_____
_____
_____
_____
_____
_____
_____

11. Describa los pasos necesarios para realizar un mantenimiento preventivo en productos gráficos.

_____
_____
_____
_____

12. El formato PDF/X-1a garantiza que todas las fuentes y colores utilizados en un archivo se mantendrán sin alteraciones durante el proceso de impresión. ¿Es verdadero o falso? Justifique su respuesta.

_____
_____
_____
_____

13. Defina el concepto *manual de calidad.*

_____

_____

_____

_____

14. Explique cómo las técnicas gráficas pueden ayudar en el control de calidad de un producto gráfico.

_____

_____

_____

_____

15. ¿Qué importancia tienen la densitometría, la colorimetría y la espectrofotometría en el control de calidad de la impresión?

_____

_____

_____

_____

_____

_____

_____

Unidad Didáctica 2
Gestión de la calidad y la usabilidad de productos multimedia

Contenido

1. Introducción

En el entorno digital actual, caracterizado por el constante crecimiento de tecnologías y plataformas, la calidad y la usabilidad de los productos multimedia se han convertido en elementos esenciales para garantizar su éxito en el mercado.

La gestión de la calidad en productos multimedia abarca un conjunto de principios, prácticas y estándares orientados a asegurar que el producto final cumpla con los requisitos técnicos y funcionales. La usabilidad, por su parte, es un aspecto crítico de la calidad en productos multimedia, ya que determina la facilidad con la que los usuarios pueden aprender a utilizar el producto, interactuar con sus funciones y obtener el máximo valor de la experiencia.

La gestión de la calidad y la usabilidad de productos multimedia es una estrategia integral que debe alinearse con los objetivos del producto y las necesidades de los usuarios. Este capítulo abordará los principios y prácticas clave para asegurar que los productos multimedia ofrezcan una buena experiencia de usuario y cumplan con los más altos estándares de calidad, promoviendo así la satisfacción del usuario, y posicionándose de manera competitiva en el mercado.

2. Control de la usabilidad en productos multimedia

La **usabilidad** es una característica fundamental de la calidad en el diseño de productos multimedia. Mide la facilidad con la que los usuarios pueden aprender a utilizar un sistema, realizar tareas eficientemente y encontrar satisfacción en la experiencia.

Los aspectos clave y los problemas que presentan los productos multimedia en relación con la calidad de su usabilidad se verán detenidamente en los siguientes apartados.

2.1. Problemas de legibilidad

La **legibilidad** en productos multimedia se refiere a la facilidad con la que los usuarios pueden leer y comprender el texto presentado en la interfaz. Un texto legible permite que el usuario consuma la información sin esfuerzo, mejorando su experiencia y facilitando la navegación. Los problemas de legibilidad son variados y dificultan o incluso impiden que los usuarios puedan leer y entender el contenido:

Elección inadecuada de tipografía

- Algunas fuentes pueden ser difíciles de leer, especialmente en pantallas pequeñas.
- Usar fuentes demasiado finas o en cursiva puede dificultar la lectura, sobre todo en dispositivos móviles.

Tamaño de la fuente insuficiente

- Texto demasiado pequeño, lo que hace que el usuario haga zoom.
- Texto demasiado grande, lo que hace que el contenido parezca desorganizado.

Contraste bajo entre texto y fondo

- El texto con colores similares al fondo es difícil de leer, especialmente para personas con deficiencias visuales o en condiciones de poca luz.
- Colocar el texto sobre fondos muy coloridos o con patrones complejos dificulta su lectura.

Espaciado inadecuado

- Espaciado entre líneas muy estrecho o excesivo, lo que dificulta la lectura.
- Si las letras están demasiado juntas o demasiado separadas, el texto puede resultar menos legible.

Distribución del texto y longitud de las líneas

- Extender el texto en líneas muy largas puede dificultar el seguimiento.
- Texto sin párrafos o espacios en blanco puede hacer que el lector pierda el hilo de la lectura.

Uso inadecuado de colores

- Colores vibrantes pueden causar fatiga visual.
- Si la legibilidad depende únicamente del color, puede ser un problema para personas con dificultades para distinguir colores.

Continúa en página siguiente >>

<< Viene de página anterior

Lenguaje complejo o sobrecargado

- Usar términos técnicos o lenguaje complicado puede dificultar la comprensión del mensaje.
- Las estructuras oracionales complicadas o demasiado extensas aumentan la dificultad de la lectura.

Formato no adaptado a dispositivos móviles

- Cuando el texto no se adapta al tamaño de pantalla, como en dispositivos móviles, puede obligar al usuario a hacer zoom o desplazarse horizontalmente, lo cual dificulta la lectura.
- Tener que moverse de lado a lado para leer en pantallas pequeñas disminuye la legibilidad.

Nota

Los problemas de legibilidad pueden llevar a una experiencia de usuario negativa, a la frustración y, a veces, al abandono del producto. Además, afectan a la accesibilidad y excluyen a usuarios con dificultades visuales, dislexia u otros trastornos de la lectura.

Aplicación práctica

A continuación, tiene un texto de una página web de aprendizaje en línea que presenta varios errores de legibilidad. Identifíquelos.

Continúa en página siguiente >>

<< Viene de página anterior

Bienvenido a nuestra plataforma en línea, donde ofrecemos cursos de una variedad de temas que son diseñados para satisfacer tus necesidades de aprendizaje. Nuestros cursos están diseñados de manera detallada con objetivos claros que abarcan muchos aspectos diferentes de cada tema. Los cursos están dirigidos a estudiantes de todos los niveles, desde principiantes hasta avanzados, con el fin de ayudarte a obtener la información necesaria de forma sencilla y accesible. Aprenderás a tu propio ritmo, ya que podrás elegir entre muchos horarios disponibles para completar cada módulo en el tiempo que necesites. Si eres nuevo en la plataforma, te sugerimos que comiences con los cursos básicos y luego sigas con los más avanzados. Para acceder a nuestros cursos, solo tienes que registrarte con tu correo electrónico, crear una cuenta y elegir el curso que más te interese. La interfaz es fácil de usar y te permitirá navegar rápidamente entre las distintas secciones de los cursos.

SOLUCIÓN

- **Elección inadecuada de tipografía:** el texto se presenta con una tipografía difícil de leer en las pantallas, lo que afectará a la experiencia de lectura.
- **Tamaño de la fuente insuficiente:** al principio, el tamaño de la fuente es demasiado pequeño.
- **Contraste bajo entre texto y fondo:** tiene un contraste bajo entre el texto y el fondo.
- **Distribución del texto y longitud de las líneas:** el texto está formado por párrafos largos y oraciones complejas.
- **Uso inadecuado de colores:** se utilizan colores brillantes o poco contrastados.
- **Lenguaje complejo o sobrecargado:** el uso de frases largas y complejas puede resultar confuso.

2.2. Incompatibilidad de navegadores

La **incompatibilidad de navegadores** se refiere a la incapacidad de un sitio o aplicación web para funcionar correctamente en todos los navegadores. Algunas de las consecuencias que produce esta incompatibilidad son:

- Los usuarios pueden ver o interactuar con el sitio web de diferentes formas según el navegador que usen.
- En algunos navegadores, la incompatibilidad puede reducir la velocidad de carga, afectar a la funcionalidad o provocar errores.
- Ciertos usuarios quizá no puedan acceder a todas las funciones o contenido del sitio.
- Si un sitio web no funciona correctamente en el navegador preferido de los usuarios, es probable que abandonen el sitio.

Para evitar esto se deben realizar pruebas exhaustivas en los navegadores más utilizados y en sus versiones recientes, además de considerar pruebas en dispositivos móviles.

Para saber más

Hay una serie de herramientas que permiten identificar y solucionar problemas de incompatibilidad. Además, la mayoría de los navegadores ofrecen herramientas de desarrollo que permiten inspeccionar y ajustar el código en tiempo real.

Actividades

1. Para solucionar la posible incompatibilidad con navegadores, se pueden aplicar dos técnicas, llamadas *Graceful Degradation* y *Progresive Enhacement.* Busque información e indique cómo se llevan a cabo.

2.3. Optimización del contenido

La **optimización del contenido** se refiere a la práctica de mejorar la calidad, relevancia, accesibilidad y visibilidad del contenido en un sitio web o plataforma digital para cumplir mejor con los objetivos de usuario y de negocio. Las principales estrategias que se deben seguir para optimizar el contenido son:

Optimización SEO

Para llevarla a cabo:

1. se identifican palabras clave relevantes, y se crean títulos y metadescripciones atractivas que incluyan esas palabras;
2. se usan enlaces internos para facilitar la navegación y enlaces externos para mejorar la credibilidad;
3. se genera contenido original y que cumpla con la intención de búsqueda del usuario.

Optimización para la usabilidad y accesibilidad

Es importante estructurar el contenido de forma clara, usando párrafos cortos, encabezados y listas, además de incluir elementos visuales relevantes que sean ligeros.

Optimización de imágenes y vídeos

Se enfoca en comprimir imágenes y usar formatos eficientes (como WebP para imágenes y MP4 para vídeos).

Creación de contenido adaptable

Garantiza que el contenido se visualice correctamente en dispositivos móviles y de escritorio.

Mejora de la velocidad de carga de la página

Se minimizan los archivos HTML, CSS y JavaScript, y se habilita el almacenamiento en caché para hacer las visitas posteriores más rápidas.

Monitorización continua

Implica el uso de herramientas como *Google Analytics* para medir métricas clave de rendimiento, realizar pruebas A/B para encontrar la versión de contenido más efectiva y recopilar retroalimentación de los usuarios para realizar ajustes continuos en el contenido.

Nota

El **almacenamiento en caché** es una técnica utilizada en computación para guardar temporalmente datos o contenido en un lugar de acceso rápido, llamado caché, para que las solicitudes futuras de esos datos puedan ser atendidas más rápidamente.

Actividades

2. Para optimizar imágenes y vídeos, se hace uso del *lazy loading*. ¿En qué consiste?

2.4. Interfaces, resoluciones y sistemas de reproducción

En el diseño y desarrollo de productos multimedia, es esencial considerar la compatibilidad y efectividad de las interfaces, resoluciones y sistemas de reproducción.

Interfaces

Las **interfaces** de usuario son el medio a través del cual los usuarios interactúan con el producto multimedia. Los aspectos esenciales en el diseño de interfaces son:

- Mantener una apariencia y un comportamiento coherentes en todos los elementos de la interfaz facilita la navegación.
- Las interfaces deben ser responsivas, ajustándose automáticamente a diferentes tamaños de pantalla sin perder funcionalidad ni calidad.
- Los elementos interactivos, como botones, menús y controles, deben ser claramente visibles y accesibles.
- La interfaz debe ser inclusiva, permitiendo su uso por personas con discapacidades visuales, auditivas o motoras.

Resoluciones

La **resolución** se refiere a la cantidad de píxeles que se muestran en la pantalla, lo que afecta la calidad y nitidez del contenido visual. Dado que los dispositivos actuales varían ampliamente en resoluciones, es fundamental adaptar el contenido para que se vea correctamente en cualquier pantalla. Algunos aspectos que considerar son:

- El contenido multimedia debe prepararse en múltiples resoluciones para que se ajuste a cada dispositivo.
- En dispositivos de alta resolución el contenido debe estar optimizado para aprovechar la claridad que ofrecen estas pantallas.
- Las imágenes, vídeos y otros elementos deben comprimirse adecuadamente, para mantener una alta calidad sin afectar el tiempo de carga.
- Los elementos de la interfaz, como botones y tipografía, deben adaptarse a diferentes resoluciones y garantizar una legibilidad adecuada.

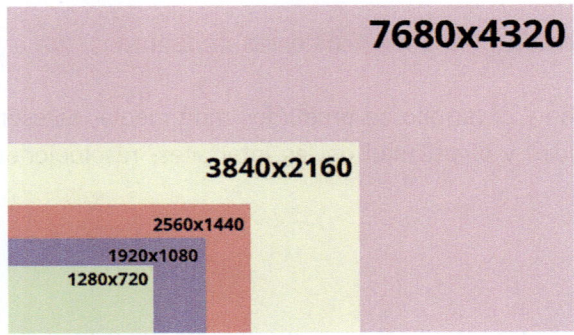

Diferentes resoluciones de pantalla

Sistemas de reproducción

Los **sistemas de reproducción** son los medios a través de los cuales se presenta el contenido multimedia, ya sea a través de un navegador, una aplicación móvil o un dispositivo específico. Algunos aspectos clave de los sistemas de reproducción son:

- El contenido debe ser accesible desde diferentes sistemas operativos y navegadores, lo que evita problemas de reproducción.
- Los archivos multimedia deben estar en formatos que sean ampliamente soportados, para evitar problemas de incompatibilidad.
- En contenido *streaming*, el sistema de reproducción debe ser capaz de manejar transmisiones continuas sin interrupciones.
- Para mejorar la experiencia en redes lentas, el sistema debe ajustar automáticamente la calidad de la reproducción.

2.5. Calidad del contenido

La **calidad del contenido** es un conjunto de características que determinan el valor, la relevancia y la efectividad de un contenido multimedia para cumplir con las necesidades y expectativas de los usuarios. Los principales parámetros que se deben tener en cuenta para garantizar la calidad son:

Relevancia

El contenido debe estar alineado con los intereses, necesidades y contexto del público objetivo. Indicadores: uso de palabras clave relevantes y adaptabilidad al perfil del usuario.

Precisión y actualización

El contenido debe ser correcto, confiable, y debe actualizarse con regularidad. Indicadores: referencias y citas confiables y fechas de última actualización.

Claridad

El contenido debe ser fácil de entender, sin ambigüedades y sin tecnicismos innecesarios que compliquen su comprensión. Indicadores: uso de lenguaje claro y directo, y explicación de conceptos complejos de forma accesible.

Originalidad

El contenido debe ser único y aportar valor adicional en lugar de duplicar información ya existente. Indicadores: uso de ideas propias y diferenciación frente a contenidos similares.

Continúa en página siguiente >>

<< Viene de página anterior

Estructura

La forma en que el contenido está organizado debe facilitar la lectura y la comprensión, guiando al usuario de forma intuitiva. Indicadores: uso de títulos y subtítulos claros, párrafos bien estructurados, y listas y elementos visuales.

Accesibilidad

El contenido debe estar disponible y ser accesible para todos los usuarios, incluyendo aquellos con discapacidades visuales, auditivas o motoras. Indicadores: incusión de textos alternativos para imágenes, subtítulos en vídeos o etiquetas de accesibilidad.

Engagement

El contenido debe ser visualmente atractivo y, cuando sea posible, incluir elementos interactivos que mejoren la participación del usuario. Indicadores: uso de elementos multimedia, además de herramientas interactivas como encuestas o cuestionarios.

Optimización SEO

El contenido debe estar optimizado para que sea fácilmente encontrado en motores de búsqueda. Indicadores: uso de palabras clave estratégicas, URL amigables, enlaces internos y externos, etc.

Rendimiento

El contenido multimedia debe estar optimizado para cargarse rápidamente y sin interrupciones en cualquier dispositivo. Indicadores: tamaño optimizado de imágenes y vídeos, uso de tecnologías de compresión.

Alineación con los objetivos del proyecto

El contenido debe reflejar los valores y la identidad de la marca, así como estar alineado con los objetivos del proyecto. Indicadores: consistencia en el tono y el estilo, coherencia con la identidad visual del proyecto o marca.

 Definición

El ***engagement*** es el grado de compromiso, conexión y participación que los usuarios muestran hacia una marca, producto, servicio o contenido en una plataforma digital.

Aplicación práctica

A continuación, se presenta un ejemplo de contenido para una página web de un *e-commerce*. Debe evaluar si este contenido cumple con los criterios de calidad estudiados. Justifique siempre su respuesta.

Compra ahora el teléfono inteligente más avanzado del mercado. Con una pantalla de 6,5 pulgadas y una cámara de 48 MP, este dispositivo te permitirá capturar momentos inolvidables y disfrutar de una experiencia visual única. Con almacenamiento de 128 GB y soporte para 5G, es la mejor opción para todos los amantes de la tecnología.

SOLUCIÓN

- **Relevancia:** sí, es relevante para los usuarios interesados en la tecnología móvil.
- **Precisión y actualización:** es preciso en cuanto a las especificaciones del producto, pero no menciona la fecha de lanzamiento o la actualización del modelo.
- **Claridad:** es claro y directo, pero podría simplificar el uso de términos como *5G* y *MP* para hacerlo más accesible.
- **Originalidad:** no es completamente original, ya que muchas descripciones de productos de *smartphones* incluyen especificaciones similares.
- **Estructura:** la estructura es adecuada, aunque se podría mejorar agregando listas de características.
- **Accesibilidad:** no incluye textos alternativos para imágenes ni subtítulos en caso de vídeo, lo que dificulta su acceso a personas con discapacidades visuales o auditivas.
- ***Engagement:*** es visualmente atractivo en cuanto a la descripción del producto, pero carece de elementos interactivos o imágenes.
- **Optimización SEO:** podría beneficiarse del uso de más palabras clave relacionadas con el modelo del teléfono, como *smartphone 5G, mejor cámara móvil,* etc.
- **Rendimiento:** no se proporciona información.
- **Alineación con los objetivos del proyecto:** refleja bien los valores de la marca, se enfoca en tecnología avanzada y experiencia de usuario.

2.6. Estudio de la navegación

La **navegación** en productos multimedia se refiere al sistema de interacciones que permite a los usuarios moverse y explorar el contenido de manera intuitiva y eficaz. Se deberán tener en cuenta tanto los diferentes tipos de navegación como los sistemas que utilizan.

Existen varios tipos de navegación, cada uno adecuado para distintas estructuras y objetivos de los productos multimedia. Entre los principales tipos están los siguientes.

Navegación lineal

La navegación lineal permite que el usuario avance a través del contenido en un orden secuencial y predefinido, como en una serie de pasos. Este tipo de navegación es útil cuando se quiere guiar al usuario de manera estructurada, por ejemplo, en tutoriales o presentaciones.

Navegación jerárquica

La navegación jerárquica organiza el contenido en niveles, creando una estructura de árbol donde el usuario puede explorar temas generales e ir profundizando en subtemas. Es ideal para sitios con gran cantidad de información y permite a los usuarios encontrar contenido de forma ordenada.

Navegación radial

La navegación radial coloca una página o sección principal en el centro de la estructura y permite al usuario acceder directamente a secciones relacionadas que orbitan alrededor de esta página central. Este tipo es útil para aplicaciones o sitios con una función principal y varias funciones secundarias.

Navegación global

Este tipo de navegación se mantiene visible en todas las páginas del sitio. Permite al usuario acceder a las áreas principales en cualquier momento.

Navegación de paginación

Divide el contenido en varias páginas y permite al usuario avanzar entre estas páginas secuencialmente. Es común en galerías de imágenes, resultados de búsqueda o secciones de artículos extensos.

Actividades

3. En una página web el menú superior permanece visible en todas las páginas y permite regresar a la página de inicio, ver el perfil o explorar categorías. ¿Qué tipo de navegación contiene? Busque un ejemplo real en internet.

Para navegar por una página web se utilizan diferentes **sistemas de navegación multimedia,** que se utilizan para guiar al usuario de manera atractiva y optimizada en interfaces de contenido multimedia. Algunos de ellos son:

- **Menús desplegables y en cascada:** menús que se expanden al hacer clic o pasar el cursor, mostrando categorías y subcategorías.
- **Navegación por iconos e imágenes:** utiliza imágenes o iconos como punto de entrada, en lugar de solo texto.
- **Mapas de navegación o *sitemaps:*** diagramas que muestran la estructura del contenido, lo que permite a los usuarios visualizar todas las secciones disponibles y comprender cómo están conectadas.
- **Barras de progreso:** especialmente en aplicaciones de aprendizaje y tutoriales, muestran al usuario su ubicación en el proceso, lo que le permite avanzar, retroceder o saltar a secciones específicas.
- **Navegación basada en gestos:** en aplicaciones móviles, permite a los usuarios navegar utilizando gestos como deslizar o hacer *zoom.*
- **Menú de acceso rápido:** menús que se mantienen visibles mientras el usuario navega, lo cual le permite acceder rápidamente a funciones importantes sin perder su ubicación en la página.

Definición

Un *sitemap* o **mapa del sitio** es un archivo en formato XML o HTML que contiene una lista estructurada de todas las páginas y recursos importantes de un sitio web. Ayuda a los motores de búsqueda a indexar mejor el contenido del sitio.

Actividades

4. ¿Qué sistema de navegación tendría un curso en línea en el que los usuarios ven qué porcentaje han completado y pueden ir a las secciones pendientes o revisadas?

2.7. Posicionamiento (SEO)

El **SEO** *(Search Engine Optimization)* u optimización para motores de búsqueda es el proceso de optimizar un sitio web o contenido en línea para mejorar su visibilidad en los resultados orgánicos de los motores de búsqueda.

Definición

El **posicionamiento SEO** es el resultado de aplicar técnicas de optimización que logran que un sitio web alcance una posición favorable en los resultados de búsqueda orgánicos.

El posicionamiento SEO se mide en términos de:

- *Ranking:* la posición que ocupa una página en los resultados de búsqueda para una palabra clave o frase específica.
- **Visibilidad:** el nivel de exposición del sitio web en las búsquedas relevantes.
- **Tráfico orgánico:** la cantidad de visitantes que llegan al sitio desde los motores de búsqueda sin necesidad de anuncios pagados.

El **posicionamiento SEO** se logra mediante una serie de técnicas y estrategias que optimizan un sitio web para que aparezca en los primeros resultados de los motores de búsqueda, como *Google.*

Ejemplo

El **posicionamiento SEO** se logra, por ejemplo, realizando una investigación de palabras clave, ofreciendo un contenido de calidad, mejorando la funcionalidad y la estructura del sitio, o realizando un análisis continuo mediante herramientas de analítica o pruebas A/B.

Actividades

5. Existen varias estrategias y técnicas de SEO que pueden implementarse para mejorar el posicionamiento de un sitio en los resultados de búsqueda. Estas estrategias suelen dividirse en *SEO on page* y *SEO off page.* Busque información.

2.8. Accesibilidad

La **accesibilidad** en productos multimedia se refiere a la capacidad de un producto digital para ser utilizado por todas las personas, independientemente de sus habilidades.

La accesibilidad está regulada y definida por las **pautas de accesibilidad para el contenido web (WCAG),** que es un conjunto de recomendaciones establecidas por el W3C *(World Wide Web Consortium)* que guían la creación de productos digitales accesibles. Las WCAG están organizadas en cuatro principios básicos:

Perceptible	Operable	Comprensible	Robusto
El contenido debe ser presentado de manera que los usuarios puedan percibirlo, independientemente de sus limitaciones sensoriables.	Los usuarios deben poder navegar e interactuar con el contenido de manera efectiva.	El contenido debe ser comprensible y fácil de entender para todos los usuarios.	El contenido debe ser lo suficientemente robusto para que pueda ser interpretado de manera confiable por una amplia variedad de dispositivos y tecnologías de asistencia.

Estos principios son la base de 13 pautas que a su vez tienen criterios de éxito específicos para cada nivel de conformidad: **A** (mínimo), **AA** (recomendado para la mayoría de los sitios) y **AAA** (nivel más alto de accesibilidad).

 Para saber más

Puede ver información sobre estas pautas en detalle accediendo desde aquí:

https://redirectoronline.com/uf14640201

Para implementar estas WCAG se pueden usar herramientas de evaluación como *Google Lighthouse,* realizar pruebas de accesibilidad manuales o llevar a cabo una revisión continua.

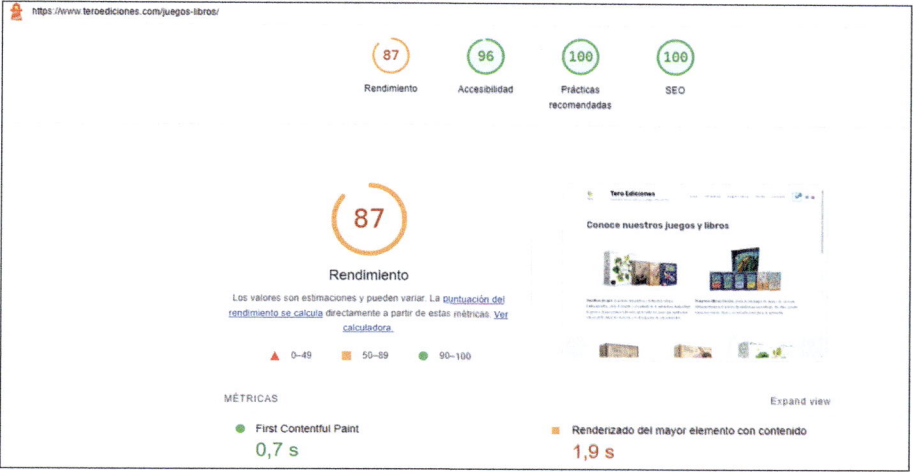

Google Lighthouse se puede añadir como extensión en Google Chrome. Es de fácil uso.

 **Actividades**

6. Utilizar herramientas automáticas para detectar problemas de accesibilidad en la web es un recurso muy usado. Encuentre herramientas útiles que pueda usar para ello.

3. Control de calidad en productos multimedia

El **control de calidad** en productos multimedia es un proceso esencial para asegurarse de que el producto cumple con los requisitos técnicos y las expectativas de los usuarios. La calidad se mide mediante una serie de parámetros y estándares que guían la creación del contenido, la interacción y el rendimiento del producto en diferentes plataformas y dispositivos.

Recuerde

Los parámetros que se han estudiado a lo largo de este capítulo son los siguientes: usabilidad, accesibilidad, compatibilidad, rendimiento, interactividad, estética y calidad del contenido.

Además de estos parámetros, los estándares que se deben seguir son los siguientes:

- **ISO 9241:** este estándar se enfoca en la usabilidad. Establece requisitos para una interacción efectiva y fácil de usar.
- **WCAG:** pautas desarrolladas por el W3C para asegurar que el contenido web sea accesible para personas con alguna discapacidad.
- **ISO 25010:** proporciona un modelo de calidad que incluye factores como funcionalidad, usabilidad, rendimiento, compatibilidad y seguridad.
- **HTML5 y CSS3:** son los estándares de desarrollo de contenido multimedia en la web. Ofrecen una estructura para la presentación de contenido visual y funcional en navegadores modernos.
- **ATAG:** pautas del W3C que aseguran que las herramientas de creación de contenido multimedia permitan desarrollar productos accesibles.
- **Estandarización de formatos:** formatos y protocolos estandarizados para la creación y compresión de elementos multimedia.

3.1. Sistemas de control de calidad: rankings de visitas, estadísticas

Un **sistema de control de calidad** es un conjunto de herramientas, procedimientos y métricas diseñadas para evaluar y mejorar el rendimiento y la calidad de un producto o servicio. Se enfoca en medir los parámetros que se han definido anteriormente y ayuda a garantizar que el producto cumpla con los estándares esperados y con las expectativas de los usuarios. Dos tipos importantes de sistemas de control de calidad son:

Ranking de visitas	Estadísticas de uso
- Es una métrica de calidad que mide y clasifica el tráfico en un producto multimedia en función de la cantidad de visitas que recibe en comparación con otros productos similares. - El objetivo de este *ranking* es entender la popularidad y visibilidad del producto en el mercado y medir su capacidad para atraer y retener a los usuarios.	- Son métricas detalladas que analizan cómo los usuarios interactúan con el producto multimedia en aspectos específicos, como el tiempo de permanencia, las páginas visitadas, el flujo de navegación y las acciones realizadas dentro del producto.

Actividades

7. ¿Cómo cree que se utilizan los *rankings* de visitas para evaluar la eficacia de campañas publicitarias?

3.2. Seguimiento de la calidad

El **seguimiento de la calidad** en productos multimedia es un proceso continuo que permite evaluar y mantener la calidad del producto a lo largo de su ciclo de vida. El seguimiento de la calidad se lleva a cabo mediante varias prácticas y herramientas:

- Implementación de métricas de rendimiento y usabilidad definiendo KPI y realizando pruebas de usabilidad.
- Recopilación de *feedback* de usuarios a través de encuestas, cuestionarios y formularios en línea.
- Análisis de estadísticas de uso con herramientas de análisis web como *Google Analytics.*
- Pruebas de control de calidad para validar aspectos técnicos, evaluar la experiencia de usuario y asegurarse de que cumple con los parámetros de compatibilidad y accesibilidad.

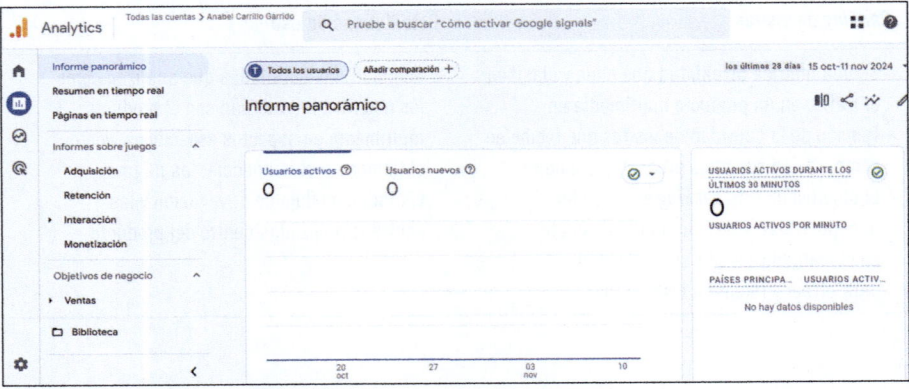

Panel de control de Google Analytics

4. Calidad y usabilidad en *e-books*

La calidad y usabilidad de un ***e-book*** (libro electrónico) son factores fundamentales que determinan la satisfacción del usuario y su experiencia de lectura. En el diseño y desarrollo de un *e-book,* se deben establecer parámetros que aseguren que el contenido sea accesible, visualmente atractivo, fácil de leer y navegable:

Legibilidad

Tipo de fuente y tamaño adecuados, y espaciado entre líneas y márgenes adecuados para la lectura.

Accesibilidad

Compatibilidad con lectores de pantalla y dispositivos de asistencia y opciones de personalización de contraste, tamaño de texto y narración de audio.

Interactividad y navegación

Presencia de un índice interactivo, enlaces internos y herramientas de navegación, además de funcionalidades de búsqueda y marcadores que permitan una experiencia de lectura personalizada.

Compatibilidad

Funcionalidad y apariencia óptima en *e-books* y compatibilidad con diferentes formatos de archivo como EPUB, MOBI y PDF.

Continúa en página siguiente >>

<< Viene de página anterior

Calidad visual

Uso de imágenes, gráficos y elementos visuales que sean claros y de alta resolución, acompañados de un diseño coherente con el tema y estilo del contenido del *e-book*.

Calidad del contenido

Contenido bien estructurado, y lenguaje claro y libre de errores gramaticales o de sintaxis.

4.1. Testeo en diferentes modelos de *e-book*

El testeo de *e-books* en diferentes modelos de dispositivos es esencial para asegurar que el contenido sea accesible, legible y atractivo en una variedad de plataformas. Al probar un *e-book,* es importante realizar las siguientes acciones:

- Asegurarse de que el *e-book* se visualice correctamente en el formato elegido (EPUB, MOBI, PDF, etc.) en cada dispositivo.
- Verificar el tipo de fuente, tamaño, espaciado y márgenes. También es importante que el usuario pueda adaptar la configuración.
- Asegurarse de que el contenido se adapte a diferentes tamaños de pantalla, resoluciones y orientaciones (vertical y horizontal).
- Evaluar que las imágenes y gráficos se muestren con claridad y en alta resolución, y que no causen problemas de carga.
- Probar el índice interactivo, los enlaces internos, los marcadores y las opciones de búsqueda en cada dispositivo.
- Asegurarse de que cargue rápidamente y que los usuarios no experimenten retrasos o problemas de rendimiento en dispositivos con menor capacidad de procesamiento.

Para el testeo es importante saber que existen varios tipos de dispositivos y modelos de lectores de *e-books.* Estos son los tipos principales:

- Lectores de *e-books* como Kindle, kobo o Nook.
- Tabletas Android y iPad de Apple, además de dispositivos móviles.
- Ordenadores de sobremesa y portátiles, en los que se usan aplicaciones de lectura como *Adobe Digital Editions* o *Kindle.*

- Aplicaciones de lectura en línea como *Google Play Books* o *Kindle Cloud Reader.*

Actividades

8. Busque los dispositivos de *e-book* que más se utilizan y realice un *ranking* con 10 de ellos. Incluya una breve descripción de cada uno.

4.2. Control de los diferentes formatos de exportación

La exportación de *e-books* a distintos formatos es un aspecto crítico para asegurarse de que el contenido sea accesible en una amplia variedad de dispositivos y plataformas. Cada formato de archivo tiene características y capacidades específicas, y la elección del formato adecuado depende de los dispositivos de lectura, las funcionalidades necesarias y la flexibilidad de adaptación a diferentes tamaños de pantalla. Los formatos más utilizados son los siguientes.

EPUB

Formato ampliamente soportado y considerado el estándar de la industria para *e-books*. Es un formato ajustable, lo que significa que el contenido se adapta automáticamente a la pantalla y permite que los usuarios ajusten la fuente, el tamaño de texto y otros elementos visuales.

MOBI

Formato propietario de Amazon. Aunque Amazon lo ha reemplazado en gran parte con los formatos AZW y AZW3, MOBI sigue siendo una opción popular para dispositivos Kindle.

AZW y AZW3

Formatos exclusivos de Amazon desarrollados para sus dispositivos Kindle. AZW es una versión mejorada del formato MOBI y AZW3 es una actualización que incluye soporte para más tipos de fuentes y estilos.

PDF

Formato de archivo fijo, lo que significa que no se adapta automáticamente al tamaño de pantalla y mantiene la disposición original del contenido. Es compatible con una amplia variedad de dispositivos.

HTML5

Aunque no es un formato de *e-book* tradicional, HTML5 permite la creación de contenido basado en web, lo cual es ideal para *e-books* a los que se accede directamente a través de navegadores.

5. Resumen

La gestión de la calidad y la usabilidad de los productos multimedia es esencial para asegurar una experiencia satisfactoria para el usuario, además de garantizar la eficacia y el rendimiento del producto en diversas plataformas y dispositivos. A lo largo del capítulo, se han destacado prácticas clave que deben implementarse para abordar problemas comunes de legibilidad, incompatibilidad de navegadores, optimización de contenido, y adaptación de interfaces a diferentes resoluciones y sistemas de reproducción. La correcta aplicación de estas prácticas no solo mejora la accesibilidad y la navegación, sino que también asegura que los productos multimedia sean funcionales, eficientes y estén alineados con los estándares de calidad requeridos.

En un entorno digital cada vez más competitivo, es fundamental no solo ofrecer productos atractivos, sino también garantizar que estos sean accesibles, fáciles de usar, y que se adapten adecuadamente a las diversas necesidades de los usuarios. Esto incluye la optimización de contenido, la implementación de sistemas de navegación intuitivos y el cumplimiento de estándares internacionales de accesibilidad como las WCAG. Además, se debe realizar un control de calidad continuo para mantener la excelencia del producto a lo largo de su ciclo de vida.

En definitiva, una adecuada gestión de la calidad y usabilidad de los productos multimedia no solo mejora la experiencia del usuario, sino que también contribuye al éxito a largo plazo del producto en el mercado.

Ejercicios de repaso y autoevaluación

1. Indique si las siguientes oraciones son verdaderas o falsas.

   a. La legibilidad en productos multimedia no influye en la experiencia del usuario.

      ☐ Verdadero
      ☐ Falso

   b. La compatibilidad de navegadores no afecta a la usabilidad de un sitio web.

      ☐ Verdadero
      ☐ Falso

2. Enumere dos técnicas que pueden usarse para mejorar la optimización de contenido en sitios web.

   _____

   _____

3. El SEO *(Search Engine Optimization)* es fundamental solo para mejorar la estética de un sitio web, no tiene impacto en la usabilidad. ¿Es esto verdadero o falso? Justifique su respuesta.

   _____

   _____

4. Indique el objetivo principal de las siguientes técnicas:

   ▌ *Graceful degradation:*

   _____

   ▌ *Progressive enhancement:*

   _____

5. Defina el término *usabilidad*.

_____

_____

_____

_____

6. ¿Qué es el *lazy loading?*

_____

_____

_____

_____

7. ¿Cuál de las siguientes es una herramienta para evaluar la accesibilidad web?

    a. *Google Analytics*
    b. *Google Lighthouse*
    c. *HTML5 Validator*
    d. *Google Chrome*

8. ¿Qué se entiende por *compresión sin pérdida?*

_____

_____

9. Rellene los huecos de las siguientes frases:

El *SEO on page* incluye prácticas como la investigación de _____ y la mejora de la _____ del sitio web.

Un *sitemap* ayuda a los motores de búsqueda a _____ e _____ mejor el contenido de un sitio web.

10. **Una cada formato con su descripción correspondiente.**

    a. EPUB
    b. MOBI
    c. AZW
    d. PDF
    e. HTML5
    f. JPEG
    g. PNG
    h. FLAC

__ Formato ampliamente soportado y adaptable a diferentes tamaños de pantalla. Es ideal para *e-books*

__ Formato propietario de Amazon, utilizado en los dispositivos Kindle

__ Formato propietario de Amazon que soporta más tipos de fuentes y estilos

__ Formato de documento fijo que no se adapta a diferentes pantallas y mantiene la disposición original del contenido

__ Formato de archivo web utilizado para crear contenido accesible desde navegadores, especialmente para *e-books* basados en la web

__ Formato de imagen comprimida sin pérdida de calidad, ideal para fotografías en la web

__ Formato de imagen sin pérdida, ideal para gráficos y diagramas que requieren transparencia

__ Formato de audio sin pérdida, utilizado para almacenar música y sonido con la mejor calidad posible

11. **Explique cómo la legibilidad en productos multimedia afecta a la experiencia del usuario.**

_____

_____

_____

_____

12. Describa cómo la incompatibilidad de navegadores impacta en la usabilidad de un sitio web.

_____
_____
_____
_____

13. Explique qué son las WCAG y por qué son importantes en el diseño de productos multimedia.

_____
_____
_____
_____

14. Discuta cómo las herramientas de análisis como *Google Analytics* pueden ayudar a mantener la calidad de un producto multimedia.

_____
_____
_____
_____

15. Describa cómo el *engagement* de los usuarios en una plataforma de *e-commerce* puede verse afectado por la calidad del contenido y la usabilidad del sitio web. Proporciona ejemplos.

_____
_____
_____
_____
_____
_____
_____

Unidad Didáctica 3
Seguimiento de la calidad

Contenido

1. Introducción

El seguimiento de la calidad del producto gráfico supone un proceso de control y evaluación constante a lo largo del ciclo del diseño de este. Es un proceso que implica asegurar que todos los aspectos del producto, desde la concepción inicial hasta su finalización, se desarrollen según los estándares de calidad establecidos. El seguimiento abarca diversos elementos, como la resolución, los colores, la tipografía, la coherencia visual, la legibilidad, la accesibilidad y la adecuación del diseño al propósito o mensaje que se quiere comunicar.

Este seguimiento se realiza para garantizar que el producto final cumpla con los requisitos del proyecto, mejore la experiencia del usuario, prevenga errores y exceso de trabajo, optimice la eficiencia, asegure la correcta adaptación a diferentes plataformas y dispositivos, y cumpla con los estándares técnicos necesarios.

2. Tipo de muestreo

El **muestreo** de un producto gráfico consiste en seleccionar una muestra representativa del diseño a lo largo de su desarrollo para evaluar su calidad sin necesidad de revisar cada detalle de forma exhaustiva.

Muestreo probabilístico

- Es un tipo de muestreo en el que cada unidad del producto tiene una probabilidad conocida de ser seleccionada, lo que permite que los resultados sean más representativos.
- Hay varios tipos de muestreo probabilístico, entre los que destacan el muestreo aleatorio simple, el muestreo sistemático, el muestreo estratificado o el muestreo por conglomerado.

Muestreo no probabilístico

- Aunque no garantiza una muestra representativa de la totalidad del diseño, es útil cuando se necesitan revisiones más rápidas o cuando el objetivo es obtener *feedback* específico de áreas o elementos clave del producto gráfico.
- Hay varios tipos de muestreo no probabilístico, como el muestreo por conveniencia, el muestreo deliberado, el muestreo por cuotas o el muestreo bola de nieve.

Sin duda, el más utilizado es el muestro aleatorio simple, con el que se seleccionan de manera aleatoria diferentes elementos del producto gráfico para revisar su calidad.

Aplicación práctica

Imagine que una empresa de diseño gráfico está trabajando en una campaña publicitaria para un cliente. La campaña incluye 20 anuncios que se representarán con varios materiales gráficos, como folletos, carteles y anuncios para redes sociales. La empresa desea realizar una evaluación de la calidad de estos materiales sin tener que revisar cada detalle de cada pieza. Por ello, se utiliza el muestreo aleatorio simple para revisar su calidad. Describa cómo se llevaría a cabo este proceso indicando el objetivo, cómo sería su aplicación y el resultado esperado.

SOLUCIÓN

- **Objetivo:** seleccionar elementos al azar de los materiales gráficos para revisar su calidad.
- **Aplicación:** de los 20 anuncios publicitarios que se están diseñando, se seleccionan 5 anuncios al azar para revisarlos. Estos anuncios se eligen sin ningún criterio específico, de manera que cada uno tenga la misma probabilidad de ser seleccionado. El equipo de calidad revisa estos 5 anuncios y evalúa aspectos como la resolución de las imágenes, el uso adecuado de la tipografía y la alineación del diseño.
- **Resultado esperado:** al seleccionar muestras al azar, se obtiene una representación imparcial del diseño general, permitiendo identificar problemas comunes en el diseño que pueden estar presentes en otros anuncios.

3. Índice de desviaciones

El **índice de desviaciones** es una medida estadística utilizada para evaluar las diferencias entre los resultados esperados o estándar y los resultados observados durante el proceso de producción de un producto gráfico. En este sentido, las desviaciones pueden ser tanto positivas como negativas, y pueden ocurrir en varias áreas:

- **Desviaciones técnicas:** problemas en las especificaciones.

- **Desviaciones estéticas**: problemas en el diseño, como los colores.
- **Desviaciones funcionales:** problemas que afectan a la usabilidad o accesibilidad.
- **Desviaciones en la calidad de materiales.**
- **Desviaciones en el tiempo de entrega.**
- **Desviaciones en el cumplimiento de normas o estándares de calidad,** como las normas ISO.

Utilizando herramientas como la desviación estándar, las empresas pueden identificar áreas problemáticas, implementar acciones correctivas y prevenir errores, asegurando así que el producto final cumpla con las expectativas del cliente y los estándares de calidad.

Actividades

1. Busque cómo se calcula la desviación estándar. Indique la fórmula y un ejemplo explicado.

4. Histórico

El **histórico** es un registro o conjunto de datos que se recopilan a lo largo del tiempo y que permiten observar la evolución de aspectos relacionados con la calidad. Este histórico ser realizaría a través de la recopilación de datos en diferentes **etapas:**

- **Planificación de la calidad:** se definen los estándares de calidad, especificaciones y objetivos que se desean alcanzar.
- **Control de calidad:** se realiza el seguimiento y la medición de los productos o servicios.
- **Detección de desviaciones.**

- **Acciones correctivas y preventivas:** las correctivas buscan solucionar los problemas detectados, mientras que las preventivas se implementan para evitar que los problemas se repitan.
- **Evaluación de la calidad:** una vez implementadas las acciones correctivas y preventivas, se realiza una evaluación.
- **Revisión y actualización del histórico:** los datos recopilados durante todas las etapas anteriores deben ser revisados regularmente.

5. Informes

El **informe de calidad** es un documento que recoge los resultados de las actividades de control y evaluación de la calidad de un producto, proceso o servicio. Este informe tiene como objetivo proporcionar información detallada sobre el desempeño de calidad, los problemas detectados, las acciones tomadas y los resultados obtenidos.

Ejemplo

- **Título:** Informe de calidad del producto (enero 2025).
- **Introducción:** este informe presenta los resultados de las inspecciones de calidad realizadas durante enero de 2025.
- **Objetivos:** evaluar la conformidad de los productos con los estándares establecidos, identificar cualquier desviación en las especificaciones y proponer mejoras.
- **Metodología:** se inspeccionaron 100 unidades utilizando las pruebas de resistencia estándar.
- **Resultados:** 95 % de las unidades pasaron las pruebas de resistencia.
- **Análisis de desviaciones:** se identificaron 5 unidades defectuosas debido a una rotura en la unión.
- **Acciones correctivas y preventivas:** capacitación adicional para los operarios en el manejo de la máquina de soldadura y ajustes en la misma.
- **Conclusiones:** la mayoría de los productos cumplen con los estándares de calidad, pero se requiere una mejora en el control de la soldadura.

6. Consecuencias de la no calidad

La **no calidad** se refiere a la situación en la que un producto o servicio no cumple con los estándares de calidad establecidos. La falta de calidad puede tener serias consecuencias tanto para la empresa que crea y diseña el producto o servicio como para los clientes y el mercado en general. Algunas de estas **consecuencias** pueden ser:

- Pérdida de la confianza de los clientes y daño en la reputación de la empresa.
- Aumento de costes por correcciones, devoluciones, etc.
- Impacto en la productividad, dando lugar a una baja eficiencia o a retrasos en los plazos de entrega.
- Desventaja frente a la competencia.
- Consecuencias legales por reclamaciones de los clientes o multas.
- Desmotivación del personal.
- Pérdida de oportunidades en el mercado.

Actividades

2. Las vistas anteriormente, son algunas de las principales consecuencias de la falta de calidad. Indique al menos cinco consecuencias más.

7. Propuestas de mejora

Una **propuesta de mejora de la calidad** se elabora con el objetivo de identificar áreas de oportunidad dentro de un proceso, producto o servicio, y sugerir cambios que permitan mejorar los estándares de calidad. Los **pasos** que se deben seguir son:

1. Identificar el problema a través de herramientas como el análisis de causa-raíz.

2. Analizar la situación actual para comprender las causas y el impacto del problema.

3. Establecer objetivos claros y medibles que indiquen qué se espera lograr con la mejora.

4. Proponer soluciones específicas que aborden las causas del problema identificado y contribuyan a la mejora de la calidad.

5. Desarrollar un plan detallado con las acciones específicas que deben tomarse para implementar las soluciones propuestas.

6. Establecer cómo se medirá el éxito de las acciones implementadas, definiendo los KPI.

7. Poner en práctica el plan de acción, ejecutando las mejoras de acuerdo con los plazos establecidos.

Actividades

3. Para identificar el problema de calidad y realizar la propuesta, se puede implementar la herramienta de análisis de causa-raíz. Busque información y descríbala.

8. Coste/inversión de la calidad

El **coste/inversión de la calidad** se refiere a los costes asociados a las actividades que una empresa lleva a cabo para garantizar que sus productos o servicios cumplan con los estándares de calidad establecidos. Estos costes se clasifican en:

Costes de prevención	Costes de evaluación	Costes de fallos internos	Costes de fallos externos
Costes asociados con las actividades preventivas, como la formación, el diseño de procesos, la mejora continua, la planificación de calidad y la implementación de políticas de calidad.	Costes de inspección y evaluación para asegurarse de que los productos cumplan con los estándares de calidad (incluye auditorías, pruebas de laboratorio, inspecciones y control de calidad).	Costes derivados de fallos que ocurren antes de que el producto llegue al cliente, como los defectos detectados durante la producción y la pérdida de materiales.	Costes generados cuando los productos defectuosos llegan al cliente. Esto incluye la garantía, las devoluciones, el coste de reparación y la pérdida de reputación de la marca.

El **coste total de la calidad** (CTC) es la suma de todos los costes relacionados con la calidad en la empresa: prevención, evaluación, fallos internos y fallos externos.

$$CTC = C_{prevención} + C_{evaluación} + C_{fallos\ internos} + C_{fallos\ externos}$$

Ejemplo

Una empresa tiene los siguientes costes anuales asociados a la calidad: costes de prevención: 50.000 € / costes de evaluación: 30.000 € / costes de fallos internos: 40.000 € / costes de fallos externos: 20.000 €.

El coste total de la calidad (CTC) es:

CTC = 50.000 + 30.000 + 40.000 + 20.000 = **140.000 €**

Actividades

4. Una de las medidas usadas para evaluar los beneficios del seguimiento de la calidad es el retorno de la inversión de la calidad (ROI). Busque información sobre esto y explique cómo se calcula.

9. Resumen

A lo largo del proceso de diseño, el seguimiento de la calidad desempeña un papel clave, al asegurar que aspectos como la resolución, la tipografía, los colores y la accesibilidad sean constantemente evaluados y ajustados según sea necesario.

El uso de herramientas como el muestreo y el índice de desviaciones facilitan un control eficiente de la calidad sin necesidad de revisar todos los detalles. Estas prácticas permiten identificar problemas a tiempo, con lo cual se optimiza el proceso de diseño. Además, las acciones correctivas y preventivas aseguran la corrección proactiva de desviaciones, mejorando la calidad del producto final y minimizando el riesgo de errores en futuros proyectos.

Ejercicios de repaso y autoevaluación

1. ¿Qué es el muestreo en el control de calidad de un producto gráfico?

2. ¿Qué es un histórico en el seguimiento de calidad?

3. Mencione una herramienta utilizada para controlar las desviaciones en la calidad de un producto gráfico.

4. Enumere tres consecuencias de la falta de calidad.

5. Clasifica los siguientes métodos de muestreo en probabilísticos y no probabilísticos: muestreo por conveniencia, muestreo deliberado, muestreo sistemático y muestreo aleatorio simple.

6. Indique si las siguientes oraciones son verdaderas o falsas:

    a. El muestreo no probabilístico garantiza una muestra representativa de la totalidad del diseño.

        ☐ Verdadero
        ☐ Falso

    b. El índice de desviaciones solo mide las diferencias estéticas en un producto gráfico.

        ☐ Verdadero
        ☐ Falso

7. Complete los huecos.

El índice de desviaciones permite medir las diferencias entre los resultados _____ y los resultados observados.

El informe de calidad tiene como objetivo proporcionar información detallada sobre el _____ de calidad y las acciones tomadas.

8. ¿Cuál de las siguientes etapas forma parte del histórico de calidad en el control de un producto gráfico?

    a. Análisis de competencia
    b. Detección de desviaciones
    c. Planificación financiera
    d. Creación de prototipos

9. ¿Qué aspectos deben evaluarse en el seguimiento de la calidad de un producto gráfico?

_____

_____

10. Mencione cuatro etapas que deben revisarse dentro del histórico de calidad.

_____

_____

_____

_____

11. Explique cómo se utiliza el índice de desviaciones para asegurar la calidad en los productos gráficos.

_____

_____

_____

_____

12. Analice las consecuencias de la falta de calidad en un producto gráfico y su impacto en la empresa.

_____

_____

_____

_____

13. ¿Qué tipo de muestreo se utiliza cuando se seleccionan elementos del producto de manera aleatoria, asegurando que todos tengan la misma probabilidad de ser elegidos?

_____

_____

14. ¿Un error en las dimensiones del producto sería una desviación técnica, estética o funcional?

_____

_____

15. ¿Qué es un informe de calidad?

_____

_____

_____

_____

Bibliografía

Monografías

❚ ALCALDE San Miguel, P.: *Fundamentos, herramientas y gestión de la calidad (Administración y Gestión).* Madrid: Ediciones Paraninfo, 2019.

❚ CALVO de Mora, A., CRIADO García-Legaz, F. y PERIÁÑEZ Cristóbal. R.: *Gestión de la calidad.* Madrid: Ediciones Pirámide, 2021.

❚ FERNÁNDEZ Díez, R.: *Procesos y gestión de mantenimiento y calidad.* Barcelona: Marcombo Formación, 2024.

❚ GATTER, M.: *Manual de impresión para diseñadores gráficos (Diseño gráfico).* Barcelona: Parramón, 2011.

❚ GONZÁLEZ Babón, J. y CUATRECASAS Arbós, L.: *Gestión integral de la calidad: Implantación, control y certificación.* Barcelona: Profit, 2017.

❚ LUNA Caballero, J.: *Manual de gestión de la calidad.* AMG, 2014.

❚ PEÑA Andrés, J.: *Diseño y producción gráfica. Introducción al diseño.* Editores varios, 2007.

❚ PÉREZ Márquez, M.: *Control de Calidad. Técnicas y herramientas.* Madrid: RC Libros, 2014.

❚ PÉREZ, C.: *Técnicas de muestreo estadístico.* Garceta, 2022.

❚ REVILLA Muñoz, O., CARRERAS Montoto, O. y GUTIÉRREZ y Restrepo, E.: *Accesibilidad Web: WCAG 2.2 de forma sencilla.* Publicado independientemente, 2024.

❚ SÁNCHEZ Rivero, J. M. y ENRÍQUEZ Palomino, A.: *Implantación Sist.Gestión Calidad. La Norma ISO 9001:2015.* Madrid: FC Editorial, 2016.

Textos electrónicos, bases de datos y programas informáticos

❚ Análisis de desviaciones, de:
<https://www.ceupe.com/blog/analisis-de-desviaciones.html>.

❚ Artes finales, de:
<https://cei.es/que-es-un-arte-final-y-como-se-hace/#:~:text=Durante%20el%20 arte%20final%2C%20se,espec%C3%ADficos%20o%20nombres%20de%20marca>.

❚ Calidad de acabados, de: <https://continuos.com/acabado-impresion/>.

❚ Calidad en los procesos gráficos, de: <https://reader.digitalbooks.pro/content/preview/ books/169231/book/OEBPS/Text/05_Chapter_1.html>.

❚ Control de calidad de productos editoriales, de:
<https://www.fomentformacio.com/blog/control-calidad-productos-editoriales/>.

❚ Control de calidad en el proceso gráfico, de: <https://laprestampa.com/el-proceso-grafico/materiales-productos-y-soportes/control-de-calidad/>.

❚ Desviación estándar, de:
<https://www.inbestme.com/es/es/blog/desviacion-estandar-volatilidad-riesgo/>.

❚ Encuadernación, de: <https://www.palgraphic.com/2023/09/19/impresion-y-encua-dernacion-de-calidad-el-arte-de-hacer-que-tus-proyectos-destaquen/>.

❚ Gráficos estadísticos, de:
<https://www.unir.net/revista/marketing-comunicacion/graficos-estadisticos/>.

❚ Guía de optimización en buscadores (SEO) para principiantes, de: <https://developers.google.com/search/docs/fundamentals/seo-starter-guide?hl=es>.

❚ Guía para elaborar un manual de calidad, de: <https://blog.hubspot.es/service/manual-calidad-empresas>.

❚ La Norma ISO 9001:2015, de: <https://grupogisma.com/grupogisma-seguimiento-mejora-norma-iso-9001-gestion-calidad/>.

❚ La preimpresión, de: <https://artyplan.com/noticias/preimpresion-etapas-e-importancia/>.

❚ Legibilidad, de: <https://www.hotjar.com/es/optimizacion-tasa-de-conversion/glosario/legibilidad-web/>.

❚ Pautas de accesibilidad para el contenido web, de: <https://www.w3.org/WAI/standards-guidelines/wcag/es>.

❚ Planes de mantenimiento, de: <https://www.mygestion.com/blog/plan-de-mantenimiento>.

❚ Pruebas en impresión, de: <https://openprint.com/preimpresion-artes-graficas/>.

❚ Resolución de imágenes, de: <https://www.pixartprinting.es/blog/resolucion-una-imagen/>.

❚ Usabilidad web, de: <https://blogs.uoc.edu/informatica/es/usabilidad-que-es-y-cuales-son-sus-principios/>.